JN215482

新典社選書88

宮崎駿が描いた少女たち

野村幸一郎 編

新典社

目　次

はじめに　宮崎駿が描いた三人の姫たち
――ナウシカ・シータ・クラリス

野村幸一郎

批判者としての少女

前田愛によれば、ルイス・キャロルが描き出した『不思議の国のアリス』のアリスは、ヴィクトリア朝イギリスに氾濫していた俗物的なブルジョアに対する深い嫌悪の賜であり、近代産業社会に対する「批判者としての子ども」としての役割がふりあてられていた。近代の世界にあって公認された文明とは資本主義や科学を万能視する物質文明であるわけだが、人々はもう一方で近代文明の矛盾を再点検し、その罪悪や矛盾を透視し、修正の可能性の探究する外部の存在を求めたのである。(1)そして、多くの児童文学に登場する「永遠の子ども」たち＝「夭折者」もまた、近代文明の外部に位置づけられた「神々の一人」であった。(2)

幼い頃から児童文学に親しみ（はじめて読んだ活字だけの児童書は、九歳の時にとなりのお姉さんに貸してもらった人魚姫だった）、大学では児童文学研究会に所属した宮崎駿は、自らの読書傾向を「児童文学の方が自分の脆弱な精神には」合っていると語っている。[3] 彼自身、近代における児童文学、児童文化の系譜の中にあることは間違いなく、とするならば、その宮崎が描いてきた少女たちも、巨視的に見れば、近代文明の外部にあるような「神々の一人」として位置づけることができるだろう。クラリス、ナウシカ、シータ、キキ、サン、千尋などなど宮崎駿が描いた主人公たちは、いずれも金銭や科学を万能視する近代文明の本質に、人間の欲望や業、驕りを透視している。

しかし、話はそれだけでは終わらない。批判者としての子どもをベースとしつつも、そこにさらに少女性を加えていくことで、宮崎はきわめて複雑で奥行きのあるヒロイン像を構築しえているからである。

一般的に、ひとくちに少女と言っても、そのイメージは、心理学や社会学、ジェンダー論で語られる思春期の少女、民俗学や宗教学で語られる巫女的な少女、明治から現在にいたる子どもメディアで語られてきた少女などなど、さまざまである。宮崎が描き出した少女たちを考えていく時、心理学、宗教学から表象文化まで多様な領域で紡ぎ出されてきた少女像を貪欲に吸収し、その断片を取捨し、つなぎ合わせ、時に融合させ、同調させ、あるいは並列的に並べていくことで、独特のヒロイン像を構築しえていることが見えてくる。本書の目的は、宮崎が描き出した、このようなきわめて輻輳的で重層的な少女イメージの内実を明らかにしていくところにある。

なお本書では、宮崎駿監督作品ではないのだが、『借りぐらしのアリエッティ』も取り上げることにした。宮崎は、この作品の企画や脚本の段階で主導的な役割を果たしており、しかも、この物語の主人公、アリエッティには、彼が他作品で描いてきた少女像の系譜を引いている痕跡を、はっきりと確認することができるからである。

ヒメヒコ制の問題圏 ——『風の谷のナウシカ』(一)

それではまず、宮崎駿の初期映画作品の中でも、とりわけその少女像が話題になった『風の谷のナウシカ』から話をはじめることにしよう。

この物語は一九八四年三月、東映の配給で上映された長編アニメーション作品である。作品のあらすじから説明すると、この物語は栄華を極めた物質文明が「火の七日間」と呼ばれる世界最終戦争で壊滅し、地球の表面のほとんどが汚染されてしまった未来の世界を舞台にしている。生き残った人々は汚染の進んでいない土地に点在して暮らしていた。しかし、そのような地球にも新しい生態系が生まれつつあった。それが「腐海《ふかい》」と呼ばれる菌類の森であり、そこには「王蟲《オーム》」をはじめとする巨大な虫たちが生息していた。

この物語の主人公、ナウシカは「風の谷」と呼ばれる小さな農耕共同体の族長ジルの娘である。物語は、人類を破滅に導いた「巨神兵」の復活をめざす巨大帝国、トルメキアが風の谷を征服するところからはじまる。ナウシカは人質としてトルメキア軍が占領する都市国家ペジテに向かうが、その途中で飛行機が撃墜され脱出する。そしてナウシカは、占領されたペジテの残党が風の谷に駐留するトルメキア軍を殲滅するために、王蟲を怒らせ、風の谷を襲わせようと計画していることを知る。物語のラストにおいて、ナウシカは怒りに我を忘れた王蟲の大軍の前に降り立ち、自らのいのちを投げ出して王蟲の怒りを静めることに成功することになる。これがこの物語の大まかなあらすじである。

ナウシカに関しては、宮崎自身が「女性は霊媒師のようにこの世とあの世を行き来できる」、「ナウシカが得意としているのは剣術ではなく、人間界と蟲の世界を理解できること」だと語っており(4)、ここから彼女が、特殊な能力を持った巫女のような存在だったことが分かる。

たしかに物語を見てみると、そのようなナウシカの姿をいたるところに確認することができる。作品の冒頭の近くでは、大ババとナウシカの口を通じて、「その者青き衣をまといて金色の野に降り立つべし、失われし大地との絆をむすび、ついに人々を青き清浄の地にみちびかん」という風の谷に伝わる伝承が紹介されている。人間と自然との絆を復活させ美しい自然が広がる世界に人々を導くようなメシアの登場が予言されているわけだが、そのメシアがナウシカであったことが、物語の結末で明かされることになる。

族長の娘という設定もまた、ナウシカの巫女的な性格を暗示している。風の谷の子どもたちがナウシカを「姫姉さま」と呼び、彼女のために「チコの実」を集めるエピソード。赤子が「どうか姫さまのように丈夫に育ちますように」と願う母親のエピソード。王蟲の大群に風の谷が襲われそうになり、「どうせ死ぬんじゃ、谷で死ぬヨ《ママ》」と口にした老婆に向かって、「城おじ」のミトが「だめじゃ、姫さまがあきらめないかぎりあきらめるな」と諭すエピソード。どのエピソードにも、風の谷の人々が、族長の娘であるナウシカに全幅の信頼を寄せており、その言葉にしたがっていこうとする様子を見ることができる。

柳田國男の『妹の力』で知られるように、古代の王権社会において女は祭祀をつかさどり、配偶者や近親者の男に自らの霊力を分けあたえる存在であった。霊的な事柄は女性、現実的な政治は男性が担う、このような古代王権の政治システムを「ヒメヒコ制」と呼ぶ。そして、ヒメヒコ制の下では、祭祀をつかさどる女性（ヒメ）が世俗の権力を掌握する男性（ヒコ）の上位に位置すると考えられてきた。また、このような古代王権の政治システムの特徴を、上野千鶴子は「象徴的外部の独占」と説明している。神々が住まう異界とこの世を媒介する唯一の存在（巫女的な存在、つまりヒメ）を奉じることで、世俗の権力は神の意志の代行者としての地位を獲得し、その結果、はじめて王権は、文字通りの「王権」として成立することができたというのである。(5)

ナウシカが内包する巫女的性格が、「象徴的外部の独占」を内実とするならば、この物語において、「外部」、つまり人間世界を超越してあるような神々の世界とは、王蟲の生息する腐海を指すことになる。須川亜紀子によれば、「神の声を受信し伝えることで」「神との聖なる結婚のイメージ」を内包する巫女は、「世俗での結婚が禁忌にされた結果」処女のイメージと結びつきやすいものとなったが、このような「少女（処女、未婚女性）と超自然的力との結びつき」は宮崎作品のヒロインにしばしば見られるという。(6)つまり、「象徴的外部」としての蟲たちと交信できる能力こそが、ナウシカを、世俗的な秩序を超越してあるようなヒメたらしめているわけなのだが、これを言い換えれば、蟲という外部の存在との「聖なる結婚」を可能なものにするため、ナウシカは少女（処女）でなければならなかったということになる。

またこのようなナウシカが、戦後の子どもメディアに繰り返し描かれてきた「魔法少女」との決定的な違いを形成していることも、指摘しておかなくてはならない。斎藤美奈子は『紅一点論　アニメ・特撮・伝記のヒロイン像』(7)で、「風を読み、虫の心がわかるナウシカは、まさに人々の生殺与奪の鍵を握った魔法少女なのだ」と述べている。ナウシカの両性具有性を認めつつも（この点については、次節で詳しく論じる）斎藤はその形象に、「魔法少女」の属性を指摘しているわけである。「魔法少女」とは、少女向けの漫画やアニメにしばしば登場するヒロインたちを指す言葉であり、彼女たちは「愛を集める」とか「夢を与える」などの抽象的な目標を達成するために、魔法を駆使して悪と闘うことを常としていると、斎藤は説明している。

たしかに王蟲と交信する点のみを見れば、ナウシカにも普通の人間にはない特殊な能力が備わっていることは間違いない。しかし、宮崎自身は、そのようなナウシカの能力が彼女の巫女的な性格に由来すると、民俗学や神話学、宗教学に寄り添った視点から説明している。とするならば、少なくとも宮崎の主観に寄り添うかぎり、ナウシカは、戦後の少女漫画やアニメに描かれてきた魔法少女とは別の系譜に属すると考えなければならないはずである。

両性具有性と母性の共存 ——『風の谷のナウシカ』(二)

ところで、ヒメヒコ制の問題をこの物語に当てはめて考える時、もうひとつ見えてくる重要な問題がある。それはナウシカが両性具有性を備えた少女であることである。

通常のヒメヒコ制と比べて特異な点は、ナウシカが族長ジルのたった一人の子どもであり、次の族長を約束された存在でありながら、女性であることである。彼女はヒメであると同時に、ヒコの役割を果たすことも宿命づけられている。ここから、風の谷にあっては、一般的なヒメヒコ制と比べて、ヒメがヒコを兼務する点で、宗教的な価値が、世俗的な地上の権力と比べて圧倒的に重要な位置を占めていたことが予感されることになる。初期の大和朝廷においては、支配領域を徐々に拡大していく過程で、権力がヒメからヒコに移っていった、すなわち政治権力が祭事権力を凌駕するようになっていったわけだが、(8) 風の谷がこのような歴史の「進化」とは逆の方向に進みつつある共同体であったわけである。腐海という象徴的外部との共生をめざし、人間による支配領域の拡大を否定する風の谷にあっては、ヒメ(宗教的権威)がヒコ(世俗の権力)を兼務するのが共同体の理想形だった、と言うこともできるかもしれない。風の谷が、宮崎にとって、理想的な共同体のありようを実現しているとするならば、それは一般的な意味での進化を一八〇度回転させたような歴史観念が、この物語では提示されている点にある。

さらに言えば、ナウシカの両性具有性は、王権の問題を超えて、彼女の人間性の問題にまで及んでいる。作品には、父親のジルを殺され怒りに我を忘れたナウシカが、一〇人近いトルメキア軍の兵士を殺してしまうエピソードが登場している。その様子を見たトルメキア軍の参謀、クロトワが「あーあ、なんてやつだ、みんな殺しちまいやがった」とあきれた口調でつぶやくのだが、もし剣士のユパが止めに入らなければ、ナウシカはさらに殺戮を続けたはずである。

「日本の社会的文化的コンテキストにおいて、「少女」は、フェミニティ（女性性、女らしさ）、可愛らしさ、純粋性、無垢、儚さ、ロマンスなどのイメージとしばしば結びつけられてきた」(9)わけだが、とするならばナウシカは、魔法少女だけに限らず、子どもメディアで繰り返し描かれてきた多くの少女たちからも、大きくかけ離れた存在であることになる。たしかにナウシカもまた、他の少女たちと同じく、可愛らしさや純粋性、無垢さを具えてはいる。しかし、もう一方で彼女は、怒りに身を任せてトルメキアの兵士を皆殺しにしてしまうような荒ぶる魂も具えているのだ。暴力性や破壊への衝動が表象文化上における男性性の象徴であるとするならば、ナウシカには、その人間性においても、両性具有性が付与されていることになる。

付け加えれば、彼女が移動の手段にしているメーヴェ（ドイツ語でカモメの意味）という名のグライダーもまた、この問題に関連して重要な意味を持っている。古来より白鳥は両性具有の象徴とみなされてきた。水面を静かに泳ぐ姿は女性的だが、空に向かって飛び立つ姿は男性的であり、たとえば、古代ギリシャの神アプロディテが白鳥にまたがっているのも、新石器時代の両性具有の鳥女神としての大母の性格を継承しているからであるという[10]。ナウシカの場合、白鳥ではなくカモメなのだが、白い水鳥に乗る両性具有性を具えた少女というモティーフそのものは、アプロディテの流れを汲むものとなっている。

そしてナウシカを理解する上でもっとも重要な点は、少女（巫女、処女）、男性に加えて、彼女には、母性というもうひとつの人格もまた与えられていることである。おそらくナウシカの人間性を核心部分において規定しているのはこの母性であり、このような彼女の存在論的本質は、人間と自然の共生というこの物語の主題を、もっとも深いところで支えている。

ナウシカの母親的性格を描いたエピソードは物語のいたるところに登場している。野生の「キツネリス」がナウシカの指にかみついた際に、痛みをこらえつつ、ほほ笑みかけながら、

「おびえていただけなんだよね」と語りかけるエピソード。腐海の虫「ウシアブ」が傷つき風の谷に迷い込んだ際に「森へおかえり。だいじょうぶ、とべるわ」と励まし、森まで連れて行くエピソードなどである。巫女的な性格が付与され、動物や虫たちと交信できる能力を備えているナウシカが、交信の際には、母親のような慈愛をもって接していることがここから分かる。

ナウシカのやさしさは虫たちだけに向けられているわけではない。作品中盤には、操縦不可能になったグライダーに取り残された風の谷の古老たちにむかって、ナウシカが「みんな必ず助ける、私を信じて荷をすてなさい」と声をかけるエピソードが挿入されている。彼女の言葉に希望を取り戻した古老たちは、「姫さまが笑うとる…!?」「たすかるんじゃ」「いそげ!! 荷をすてろ」と語り合うことになるわけだが、年長の老人に向かって「荷をすてなさい」と語るナウシカの言葉は、古老たちによって、権力者のそれではなく母親の言葉として、受けとめられている。だからこそ、根拠があろうとなかろうと、ナウシカが助かると言えば助かるのだと、彼らは素直に信じることができたわけである。

最終的にナウシカは風の谷に突進する王蟲の群れの怒りを静め、風の谷とトルメキアとペジテの三つ巴の対立を解消することにも成功するわけだが、なぜそれが可能だったかと言えば、周囲の人間も王蟲の群れも、ナウシカのやさしさ、人と虫とを問わず、あらゆるいのちに対して無限の慈愛を注ぐ、彼女の母性を信じることができたからである。

ナウシカは、少女であり、巫女であり、男性でもありながら、その根本において母性が配置された存在として設定されている。彼女は男女という性差だけでなく、少女と母親という時間軸上の落差すら超越しているのだ。とするならば、ナウシカ形象における（性的存在としての）女性性の捨象は、性差の失効ばかりでなく、少女性と母性の結合をも可能にしていることになってくる。言い換えれば、女性性の排除を媒介として、ナウシカの少女性や両性具有性は、母性というもうひとつの女性性の極限値の表現と一体化しえているのである。

闇を背負う光——『天空の城ラピュタ』と『ルパン三世　カリオストロの城』

『風の谷のナウシカ』に続く宮崎の長編アニメーション作品が『天空の城ラピュタ』である。制作の時期が近いこともあり、これら二作品はさまざまな点で共通するところが多い。王族の血を引く少女がヒロインとなっている点、少女が少年の助けを借りて世界を救おうとする点、人間の欲望や業、悪の無限の拡大が、かつて世界を破滅に導いた科学兵器の復活を企てるエピソードとともに描かれている点などである。

『天空の城ラピュタ』は一九八六年八月、劇場公開された。この物語に登場する、ラピュタと呼ばれる天空の城は、かつて高度の文明で地上を支配した恐怖の帝国であった。昔、ラピュタ人は「飛行石」と呼ばれる、空を浮遊する石の原石を取り出す技術を手に入れ、天空の城を作り世界を支配していた。物語のヒロイン、シータはラピュタ王家の正統な王位継承者だが、今、彼女の一族は天空の城を放棄し、その過去を秘匿して農耕生活を送っている。ラピュタ人が築いた帝国は、歴史のどこかの段階で衰滅しており、最終的に彼らはふたたび地上に戻ってくることになったわけである。

「今はラピュタがなぜ亡びたのか、私、よく判る。ゴンドア（筆者注、シータたちラピュタ一族の末裔が地上に戻り、暮らした村の名）の谷の歌にあるもの。土に根をおろし風とともに生きよう、種と共に冬をこえ、鳥と共に春を歌おう…どんなに恐しい武器をもっても、沢山のかわいそうなロボットをあやつっても土からはなれては生きられないのよ」というシータの言葉は、この物語の主題を端的に語っている。科学の万能を信じ、自然との共生の道を見失った文明は衰滅するしかない、というのがこの物語に込められた宮崎の文明観なのである。人間が一人も暮らしておらず、ただ墓だけが残っている荒涼とした天空の城の風景は、宮崎の文明観を象徴的に表現している。物語はラピュタ人が手に入れた高度な科学文明、その核心であった飛行石を手に入れ世界を手中に収めようとするムスカと、その野望を阻止しようとするシータと、シータを助けてムスカと対決するパズーを中心に進行していくことになる。

さて、この物語のヒロインであるシータとナウシカを比べてみると、ナウシカが自然に寄り添って生きようとする農耕共同体、風の谷の族長の娘であったのに対して、シータの場合、かつて世界に深刻な禍をもたらしたラピュタ人の末裔として設定されており、この点で二人が大きく異なっていることに気づく。シータの祖先は、『風の谷のナウシカ』における帝国トルメキアと同じく、高度の科学文明を利用することで、世界を恐怖によって支配した過去を持つ。

つまり、シータは一〇〇パーセント「光」の側に与するような存在でもないのだ。実際、同じ一族の末裔であるムスカはラピュタの力を復活させ、世界を支配しようと目論んでいる。「闇」の一族の末裔であるシータは、当然のことながら、ナウシカのように周囲によって神格化されることもなければ、宗教の領域にまでに昇華されたような母性愛や慈悲の心をもって、世界を救済することもない。しかし、ゴンドアの谷の歌を口ずさむ彼女は、一族が過去に犯した過ちに対する悔悟の念やそこから得た深刻な教訓を内面化しえており、だからこそ、彼女はかつてのラピュタ人が犯したのと同じ悪をムスカの言葉に感じ取り、いのちを賭して、その野望を挫こうとするわけである。

このようなシータと非常に似ているヒロインが、宮崎駿が監督として最初に手がけた劇場公開用作品、『ルパン三世　カリオストロの城』のヒロイン、クラリスである。

この作品は一九七九年一二月に公開されている。舞台は中世ヨーロッパの雰囲気を漂わせる架空の都市国家、カリオストロ公国である。この国は四〇〇年前より、外交をつかさどる大公家と、実質的に内政を取り仕切ってきた摂政家に分かれていた。物語は亡き大公の息女クラリスが摂政家のカリオストロ伯爵との政略結婚を拒み、逃げ出すところからはじまる。その際にクラリスに出会ったルパン三世は、彼女を助け出すことを決心し、物語が進行していくことになる。

この物語の中でとくに興味深いのが、大公家と摂政家、つまりクラリスとカリオストロ伯爵との関係である。この関係は『天空の城ラピュタ』におけるシータとムスカのそれに対応している。たとえば、カリオストロ伯爵の居城には贋札作りのための印刷工場があるのだが、その贋札は「かつて本物以上とたたえられ」、ブルボン王朝を破滅させ、ナポレオンの資金源となり、世界恐慌の引き金になるなど、中世以来のヨーロッパの動乱の影の主役だったと、ルパンによって説明されている。贋札を武器に、人間の業や欲望、野心に食い込み、世界に禍を振り撒き、富を得てきたカリオストロ公国の闇の歴史をここに垣間見ることができる。

また、物語の中でカリオストロ伯爵はクラリスに向かって、「俺の手は血まみれだ。が、お前もそうさ。わが伯爵家は代々お前達大公家のカゲとして、謀略と暗殺を司り公国《くに》を支えてきたのだ」「それを知らぬとは云わさぬぞ」「お前もカリオストロの人間だ」「その身体には俺と同じ古いゴートの血が流れている」とも語っている。この伯爵のセリフの中でとくに興味深いのが、「それを知らぬとは云わさぬぞ」という部分である。ルパンとともにカリオストロ伯爵の野望に立ち向かうクラリスもまた、一族の血塗られた歴史を承知していたことが、ここで語られている。にもかかわらず、そのクラリスは伯爵に向かって、「人殺し、あなたは人間じゃないわ」「はなして。けがらわしい」と言い放つわけである。

このようなクラリスの姿を、『天空の城ラピュタ』のシータを手がかりとして理解するならば、「闇」に立ち向かおうとするクラリスの姿勢もまた、カリオストロ家が数百年間、繰り返してきた悪や犯罪に対する悔悟の上に形成されたものだったと考えることができる。彼女はカリオストロ家の血塗られた歴史を承知している。にもかかわらず、伯爵を非難し、対決の姿勢を貫こうとするのであり、ここから浮かび上がってくるのは、自らの一族が抱える「闇」を否定する形で「光」への憧憬を内面化しているような、クラリスの姿である。

コレット・ダウリングは、結婚によって誰かに依存することで、生活の不安や人生の現実から救済されるため、「挑戦的でない、対決的でない、不平を言わない」「いい子」であろうとする女性心理を「シンデレラ・コンプレックス」と呼んでいる。コレットによれば「シンデレラのように、女は今もなお、外からくる何かが自分の人生を変えてくれるのを待ちつづけている」という。(11) たしかに斎藤美奈子が言うように、シンデレラは何も悪いこともしていないのに、継母や継姉たちにいじめられるわけだが、にもかかわらず、自らの力で何らかの解決をはかろうとすることはない。ひたすら人の言いつけを聞いて耐えるだけである。最終的に幸せにはなるが、それも自らの意志で手に入れたわけではなく、魔法使いに手伝ってもらって舞踏会に参加し、たまたま王子様に見初められたに過ぎない。王子様が彼女にとって好みの男性だったかどうかは顧慮の外におかれている。(12)

このようなシンデレラと、シータやクラリスとを比べてみると、同じ姫でもまったく正反対の描かれ方がされていることが分かる。滅びの呪文（有名な「バルス」）を唱え、自らのいのちと引き替えにムスカの野望を葬り去ろうとしたシータも、カリオストロ伯爵との政略結婚を拒み、ウェディング・ドレスの仮縫いの際に逃げ出して、伯爵の手先とカーチェイスを繰り広げるクラリスも、シンデレラのようにただ耐えるだけ、待つだけの少女ではない。二人は、自らの一族が抱える「闇」を否定的媒介として形成されたような「光」への憧憬を行動原理としており、その結果として、きわめて果敢に積極的に現実に立ち向かう生き方を実現しえている。とくに、作品の末尾で「私もつれていって」「ドロボーはまだ出来ないけどきっとおぼえます」と言うクラリスは、既存の社会秩序や道徳観念の外部に飛び出して自由人となることで、ルパンについていこうとまでしている。恋愛においてもクラリスは、王子様に選ばれるのをただ待つだけのシンデレラとは正反対の少女として、きわめて自由で意志的な生き方を体現する存在として、形象されているのである。

注

(1)『都市空間のなかの文学』 筑摩書房 一九八二・一二
(2) 本田和子『異文化としての子ども』 紀伊国屋書店 一九八二・六
(3)『本へのとびら 岩波少年文庫を語る』 岩波新書 二〇一一・一〇
(4)『Cut』 二〇〇九・一二
(5)『日本王権論』 春秋社 一九八八・一
(6)『少女と魔法 ガールヒーローはいかに受容されたのか』 NTT出版 二〇一三・四
(7) ちくま文庫 二〇〇一・九

（8）山下紘一郎『神樹と巫女と天皇　初期柳田国男を読み解く』梟社　二〇〇九・三
（9）注（6）と同じ。
（10）大和岩雄『魔女論　なぜ空を飛び、人を喰うか』大和書房　二〇一一・一〇
（11）柳瀬尚紀訳『シンデレラコンプレックス　自立にとまどう女の告白』三笠書房　一九八九・四
（12）注（7）と同じ。

※作品シナリオからの引用は原則として、スタジオジブリ絵コンテ全集（徳間書店）に依った。映像作品と異なる場合は、後者を文字起こしし、引用することにした。

Ⅰ　飛ぶという才能 ──『魔女の宅急便』のキキ

古澤夕起子

持ち込み企画はどのように映画化されたか

『魔女の宅急便』はスタジオジブリとしては初めての外部からの持ち込み企画である。一九八七年春、電通を通じて企画が持ち込まれた時点でヤマト運輸とのタイアップは決まっており（「宅急便」はヤマト運輸が提供する宅配便サービスの商標）、原作者と出版社から映画化権も取得されていた。当時ジブリは『となりのトトロ』と『火垂るの墓』（高畑勲監督）の制作に忙殺されており、脚本・監督を若手に任すことで企画は進められた。

宮崎駿自身は一九九二年のインタビューで、『となりのトトロ』の制作が終わったとき、「ああ、一通り作ったな」と思ったと述べている。「四角になった」という表現をしているのは、『ルパン三世　カリオストロの城』（一九七九年）、『風の谷のナウシカ』（一九八四年）、『天空の城ラピュタ』（一九八六年）、そして『となりのトトロ』（一九八八年）の四作品を指している。『魔女の宅急便』は自分が「休むために若いスタッフを立ててやってもらうはずの作品」であり、「五角形に入ってない」作品であった。(1)

しかし同時公開（一九八八年）された『となりのトトロ』と『火垂るの墓』が興行的に失敗したため、『魔女の宅急便』は企業とのタイアップをより密にして進めて行く必要があり、最終的には徳間書店・ヤマト運輸・日本テレビ放送網提携作品として一九八九年七月二九日から公開された。配収二一億七千万円、観客動員数二六四万六一九人という興行成績を記録するに至った経緯についてはプロデューサー鈴木敏夫が繰り返し語っており、(2) ここで扱うべき問題ではない。ただ宮崎自身は『魔女の宅急便』が「一番ヒットしたから、なおさらつらかった。『これをもし続けたら駄目になるな』っていうふうに思ったんですよ」と回想している。

宮崎の視線からいったん離れるならば、一九八六年は男女雇用機会均等法が施行された年である。河野真太郎は『魔女の宅急便』をポストフェミニズム的なテクストとして読もうとする。(3)

「やりがい搾取とアイデンティティの労働をみごとに示してみせた作品」として、「宅急便」というキキの労働を分析するのである。なじみのない用語が多いが、河野に拠れば、キキが「職業として選ぶ宅急便」は「クリエイティヴな自己実現をともなう職業」として描かれるが、「本体は肉体労働」でありながら「表象においては感情労働の特質が前面に押し出されている」のである（つまり「アイデンティティの労働」の特質を備えている）。ここで河野は、原作に無くてアニメーションにある要素について検討し、「感情労働」となる伏線の一つとしてキキの母親の「忠告」を挙げる。「大事なのは心」と「笑顔を忘れずにね」という「矛盾した忠告」を与えたというのである。

河野は、「大事なのは心」が角野栄子の原作『魔女の宅急便』にあることを示し、「笑顔を忘れずにね」は「映画版で加えられたもの」として論じているが、原作でも母親はキキに「なるべく笑い顔でね」と言っている。(4) つまり宮崎駿の加えたものではないのだが、映画版にも「大切なのは心よ」と「いつも笑顔を忘れずにね」というせりふがあることは確かである。河野は、キキが「営業スマイル」をつくるとき「母の忠告の通りに、心（内面）と笑顔（外面）は脱構築される」として、「職業と労働をテーマとするかに見える『魔女の宅急便』は、その実労働の終焉をテーマとしていた」と結論付けている。キキの労働の分析はともかく、河野が指摘する時代背景があって、映画化の際に宅急便はキキの「職業」として描かれた。そもそも原作では配送料さえも設定されず、キキは「おすそわけ」をいただくだけなのである。

便利な魔法を持たない少女として

原作となった角野栄子の『魔女の宅急便』は一九八五年一月に刊行された児童文学である。第二巻は一九九三年に刊行され、全六巻で完結したが、一九八九年の映画化以降に刊行の続刊についてはここでは言及しない。

キキと両親は「お話のはじまり」で「かあさんのコキリさんは、長い伝統をもつ正真正銘の魔女ですが、とうさんのオキノさんは、ふつうの人間です。民俗学者で、妖精や魔女についての伝説や民話を研究している人です。そして、キキは、このふたりのあいだに生まれた、今年十三歳になるひとりむすめなのです」と紹介される。魔女になるかどうかは「十歳をすぎたころ、自分で決めてよいことになって」いる。決心がつけば母親から魔法をおしえてもらって、「十三歳の年の満月の夜をえらんで、ひとり立ちをすることにな」るのである。

また、家族の一員であるジジについては、「魔女のおかあさんは、女の子が生まれると、同じ時期に生まれた黒猫をさがして、いっしょにそだてていきます。そのあいだに、女の子と黒猫はふたりだけのおしゃべりができるようになるのでした」と説明されている。そうしてキキはジジを伴ってホウキに乗り、「ひとり立ち」の旅に出るのである。

宮崎は二〇〇一年のインタビューで、「最初に魔女がホウキに乗って飛ぶなんていうのを聞いたときは、なんてチンケなというか、『魔法使いサリー』で散々やったことじゃないかって（笑）、思ったんですよ。お届けものをするって、まあそれは設定でしかないですけど、下手すると、どっかに血清を取りに行って、子供たちの命を救ったみたいな美談になって終わるようなパターンがほとんどでしょ」と発言している。(5)

『魔法使いサリー』は一九六六年一二月から六八年一二月までNET系列のテレビで放送された。原作は横山光輝、東映動画の制作である。魔法の国のお姫様であるサリーが好奇心から人間の世界に来て、小学五年生の夢野サリーとして暮らす話である。放映時、宮崎は東映動画に在籍して『魔法使いサリー』の原画（七七話、八〇話）を手がけている。労働組合の書記長として活動していたが、六六、七年の宮崎の本領は劇場用長編『太陽の王子　ホルスの大冒険』（演出高畑勲、宮崎は場面設計・美術設計・原画を担当）に向けて発揮されていた。しかし六八年七月に公開された『太陽の王子　ホルスの大冒険』の興行成績は最悪で、「もう東映動画にいてもダメだなということもはっきりしていた」。そんな中で六九年一月から放映された『ひみつのアッコちゃん』の原画も一、二回分担当している。「なんてチンケな」「散々やったこと」という宮崎の唾棄するような言葉には、国産テレビマンガの黎明期にシーンによって顔が違うような杜撰な仕事をした同僚や会社への忸怩たる思いがこめられているのである。(6)

当然のことながら『魔女の宅急便』企画書では「いままで、TVアニメを中心にたくさんの〝魔法少女〟ものが作られてきましたが、魔女（筆者注、魔法の誤植か）は少女たちの願望を実現するための手立てにすぎません」『魔女の宅急便』での魔法は、そんなに便利な力ではありません」というかなり穏やかな表現になっている。(7)

「ガールヒーローとしての『魔法少女』」を論じた須川亜紀子は、黎明期の正統魔女として『魔法使いサリー』を取りあげ、第四話を例に挙げて次のように述べている。暴力的な番長に対して、物体を動かし打倒するサリーの魔法は「理不尽な社会規範に対する女性のパワーの表象」であり、その後に挿入される「魔法による人命救助のシーン」（トラックにはねられそうになる子どもを救う）は魔法の暴力性を無効化する。こうした「魔法の適切な制御は、フェミニティ〔女性性〕の適切な制御を表象している」。(8)しかし宮崎は主人公のキキを、そのような魔法少女ではなく、「自分をコントロールできない」時期にいる、ふつうの女の子へと創り変えていくことになる。

思春期のふつうの女の子　いろいろな表情、リボンとジジ

宮崎駿は、『魔女の宅急便』公開直前の八九年七月、スタジオジブリでのインタビューで「制作の意図」を問われて次のように答えている。

最初の出発点として考えたのは、思春期の女の子の話を作ろうということでした。しかもそれは日本の、僕らのまわりにいるような地方から上京してきて生活しているごくふつうの女性たち、彼女たちに象徴されている、現代の社会で女の子が遭遇するであろう物語を描くんだ、と。これは架空の国を舞台にした、魔女が出てくる架空のお話だけれども、僕らが描くのは、いま都会に出てきて自分の部屋と仕事は何とか手に入れたけど、さてそれからどうしたものだろうと思っている女の子たちの物語であると。そういう仮説をたてて、それをうまく作れば見てくれる人が共感してくれるのではないかと考えたわけです。(9)

その上で、思春期の人間の一つの特徴は「いろいろな表情」であるという。それらの表情やふるまいは「計算ずく」だったり「自然に出てくるもの」だったり、「親からしつけられたもの」だったりするが、そういう女の子を「とにかく幸せにしてあげ」たいと語っている。小説や文字の助けを借りることのできる漫画とは違って、アニメーションはすべてが絵で表現されなければならないことは言うまでもない。そのアニメを文字で論じなければならないのは皮肉だが、ここでは絵コンテ[10]に付けられた説明で、キキの表情に細かな指示がされていることを確認しておこう。（以下〔 〕は絵コンテ中の指示、数字はカット番号を示す）

丘の草に寝ころんでラジオの天気予報を聞いているキキには、〔一見、ぼんやり／3〕〔眠っているよう。 うっすら目あける （この時いこう…って決めた）／5〕〔特に決然というわけではないが、思いつめてる／6〕、そして自宅に走って帰り、薬草を調合中の母に駆け寄るときは〔丘の上のキキと対照的なカオをしていること／14〕、客の老女に〔サッとひざを曲げての会釈／15〕〔その瞬間だけしとやかに （教育がいき届いている）／15〕、母に向き直ると〔うってかわって いかにもひとりっ子らしく／15〕「わたし決めたの 今夜にするわね」と出発を告げ、〔まるで幼児の如くいいたい事をいいおえるやダッと走り出／15〕す。

カット3から6、斜面にひとりで寝ころんでいる二三・五秒の間にもキキの表情は変わるし、カット15では一五・五秒の間に、客の老女に対する躾の行き届いたキキと、母親に対して幼児のように甘えるキキが描かれているのである。

二〇〇一年のインタビューで宮崎は、

こういうものを日本でやるときに一番欠けてるのは、思春期のなんか、自分でも自分をコントロールできないみたいな、そういう想いだと思うんですよね。原作にはそういうものはなかったんですけど、それがなかったらつまんないだろうって、そういうものを入れて作ろうっていうことなんですよね。(11)

とも発言している。思春期の「いろいろな表情」は「自分をコントロールできない」ところから生まれる。原作にはなかったノーコントロールな想いがキキを飛べなくするのである。

鈴木敏夫によれば、「この映画の『核』をどうするか」悩んでいたとき、鈴木が「思春期じゃないですか」と言ったら、宮さんはニコニコして「そうですね」と答えた。「それが、あの映画の出発点だった」ということになる。その場で宮崎は「大人と子どもの中間である主人公の女の子キキの頭に、大きなリボンを結ばせた。アクセサリーとしては大きすぎるのではないかと指摘したら、思春期の彼女が自己を守る象徴だ」と答えたという。(12)

原作ではリボンについて書かれていない。「今では魔女だからといって、とんがり帽子も、長マントも着なくなったけど」(13)という母親コキリさんのせりふだけで、リボンを描いたのは絵を担当した林明子である。児童文学であるため原作には四〇箇所に挿絵があり、そのうち一頁大の絵が扉を含めて一〇枚ある。また、見開きで町の俯瞰図（巻頭にキキの生まれた町、巻末にキキの住むコリコの町）が付いている。林明子の描くキキは腰近くまで伸びたロングヘアーで、頭の上にリボンを結んでいる。リボンの幅は狭く、色は表紙で見る限りワンピースと同じ黒である。一〇歳のキキの絵（髪は肩に届くくらい）にも同様のリボンが結ばれているが色は不明。両親に出発を告げるシーンのキキが水玉模様のワンピースとおそろいの模様のリボンを結んでいるところから、おしゃれなアイテムとして描かれているようである。シルエットで見るとリボンは、猫のジジの耳と同じくツンと立った耳のようにも見える。

一方、宮崎駿のキキのリボンは真っ赤で幅広く、顔の半分ほどもある大きさに結ばれているためにキキを一三歳よりも幼く見せている。ひとり立ちをする魔女が黒い服を着ることになっているのは原作と同じで、「せめてコスモス色ならいいのにね」「くろねこにくろ服でまっ黒々だわ」というキキのせりふも原作に拠っているが、コキリさんからは真っ赤なリボンについての咎めだてはない。

映画中でキキがリボンを解くシーンは二度ある。コリコの町での最初の一日が終わり、パン屋のおソノさんの厚意で借りた屋根裏部屋で眠るシーン。鞄を枕代わりにしてベッドに横になっているキキはリボンを解いている〔カット279〕。翌朝、下のトイレに行き、窓を開けてブラッシングをするシーン〔293〕までがリボンの無いキキである。二度目は、雨の中、老婦人から孫への贈り物を届けたにもかかわらず孫から冷たい言葉をかけられ、トンボとのパーティーの約束にも間に合わなかったキキが風邪をひいて熱を出すシーン。おソノさんが様子を見に来てくれたとき、〔モゾモゾと毛布からカオを出すキキ　カミの毛もしゃもしゃ／677〕でリボンは結んでいない。オソノさんに氷枕をあててもらい、毛布にくるまってため息をつく。カット695ではキキの服やリボンが庭に干されて陽を浴びている。おソノさんが洗濯してくれたのだろう。

村瀬学は『13歳論　子どもと大人の「境界」はどこにあるのか』[14]において「子どもと大人の境界線」を「13歳」と意図的に限定し、「新しい人格」を産む人となる時期、出発点であるとした。どこからの出発かと言えば、「家（親）」からの出発である。村瀬は必要な条件の一つに「新しい親」を挙げている。古くは柳田國男が「仮親」とか「成り親」とかいう習俗に見たもので、新しい親子関係をつくって自立の足がかりにしていくのである。出発したばかりの一三歳のキキにとっておソノさんは「新しい親」であり、その圏内ではリボンを解いているのである。

ちなみに映画中にはベッドで眠るシーンがもう一度ある。飛べなくなったキキを絵描きのウルスラが自分の小屋に連れて行き、ふたりで語り明かす重要なシーンである。キキはウルスラのベッドを借り、ウルスラは寝袋にもぐりこむ。この時、キキはリボンを解かない。〔わたし魔法って何か考えたこともなかった／976〕と呟くキキはまさしく思春期の女の子の顔つきであり、リボンはキキを守るように結ばれたままなのである。

大塚英志は『魔女の宅急便』を『女子のためのビルドゥングスロマン』という時代的要請」の中で作られた物語だとする。(15)「父のラジオ」「母の箒」「ジジ」を「ライナスの毛布」（親離れする子どもを庇護する毛布）として挙げ、「キキの不安を象徴するかのように」揺れる「アンバランスな大きなリボン」こそ「最大のライナスの毛布」であると指摘している。成長するにつれてキキはラジオを聞かなくなり、箒は折れ、ジジとは話せなくなる。つまり「ライナスの毛布」を手放していく。しかし最後までキキの頭の上で揺れているリボンは、キキが自立の途上にあることを示しているのであろう。

宮崎がリボンの次にこだわったのは、キキの飼い猫ジジだったと鈴木は回想している。「ジジはことばを話す猫で、キキの一番の理解者だ。そう、キキにとっての『もうひとりの自分』なのだ。僕は宮さんに『ぼくと〈ジョージ〉』を読むように薦めた[16]」。

一九七〇年、E・L・カニグズバーグが書いた『ぼくと〈ジョージ〉』は、おとなしくて化学のよくできる一二歳の男の子ベンと、ベンの中にずっと「共生」している〈ジョージ〉との関係を描いた作品である。と言っても、ベンは精神分裂症や二重人格ではない。幼稚園を追い出されるような問題児の弟ハワードとは対照的に、ベンは自分の思いを口に出せない子どもだったのだ。七〇年代のアメリカで「飽食し、満足している」と言われた中産階級の子どもたちが「どんな苦しいたたかいを強いられているか」についてカニグズバーグほど愛情深く描いた作家はいない、と訳者は書いている。「成長の危機（節）」にある人間が「内部の声にじゅうぶんに耳をか」し、自分の中で起こっている「混乱」を「たとえ苦しくても、大切にし、忍耐して、克服しよう、と決心することができる人は、群れとは違った、自分なりの価値観をつかむことができる」という作者の想いが作品化されているのである[17]。

角野栄子の原作では、「やがてひとり立ちする女の子にとって、この猫はとてもたいせつななかまです。悲しくっても、うれしくても、分かちあえる者がいることは、とても心強いことなのです。やがて女の子も成長し、猫にかわるようなたいせつな人ができ、結婚ということになると、黒猫も相手を見つけて、わかれて暮らすようになるのでした」[18]と書かれている。ジジをどのような存在として描くかが原作とアニメーションとの決定的な違いになったことがわかるだろう。原作では最後まで（一年間の修業が終わるまで）キキは順調に空を飛んで荷物を届け、ジジとの関係は安定している。アニメではジジと言葉が通じなくなったキキは〈飛べなくなる〉のである。

キキはなぜ飛べなくなったのか。そして、なぜ飛べるようになったのか

ウルスラ「魔法ってさ　呪文をとなえるんじゃないんだね」
キキ「ウン　血でとぶんだって」

キキはなぜ飛べなくなったのか、と問うことは、キキはなぜ飛べるのか、と問うことと同じである。まず八九年七月の公開直前インタビューにおける宮崎自身の発言を押さえておこう。

血っていったい何ですか。親からもらったものでしょう。自分が習得したものじゃない

ですよね。才能っていうのは、みんなそうなんです。無意識のうちに平気で使っていられる時期から、意識的にその力を自分のものにする過程が必要なんですよ。

ですから、この映画の中の魔法を、いわゆる魔法ものの伝統から切り離して、彼女《キキ》の持っているある種の才能というふうに、僕は限定して考えました。そうすれば、いくらでも飛べなくなるっていうことはあるんだ……と。そうなると、どうして飛べなくなったかっていう理屈が欲しいかどうかという問題になってくる。(19)


ここでインタビュアーから「あそこでトンボとケンカしたからだ、とか」と一つの解釈が示され、宮崎は「理屈をつけたからって問題が明瞭になるかといったら、決してならないでしょう。むしろ僕はいまのような表情のほうが、見ている女の子たちも納得がいくんじゃないかって思ったんです」と答えている。

「いまのような表情」とは、ベッドに倒れ込んで「ジジ、わたしってどうかしてる　せっかく友達が出来たのに急に憎らしくなっちゃうの」〔カット832〕「素直で明るいキキは何処かへいっちゃったみたい」〔833〕というキキの表情を指すのだろうか。話しかけられたジジは〔猫的無関心で平然と〕居なくなり、キキが初めて言葉が通じなくなったことに気付くシーンである。

河野真太郎は、「素直で明るい」というキキのせりふは「日本独特のジェンダー概念」であり、キキの労働が「ジェンダー化された感情労働であることを物語る」と述べているが、[20]この場面での「素直で明るい」は対労働ではなく、対トンボの関係についてのジェンダー化された言葉である。あるいはまた、いよいよジジと話せないことがわかって、あわてて室内で箒にまたがるがほとんど飛び上がれず、〔どうしていいか判らないキキ 本映画最大のup／851〕の表情を指すのかもしれない。

実のところ筆者は、なぜ飛べなくなったのかという理屈を欲していない。しかしこれは『魔女の宅急便』を取りあげる者の必須課題であるから、内田樹と大塚英志の解釈を紹介しておく。

キキはなぜ飛べなくなったのか。そして、なぜ飛べるようになったのか。

内田樹は『嫉妬』というはじめて経験する感情のせいです」と述べている。[21]以下要約する。『魔女の宅急便』という映画の中で、「少女が空を飛ぶ」というのは純粋に機能的なこと、つまり「A地点からB地点への移動手段」に過ぎない。彼女をめぐるほんとうの物語は「飛べない人たち」との間で、地上で展開する。

トンボくんとの出会いの中でキキは飛ぶ能力そのものを喪失するということを経験する。彼女自身にもコントロールできない「嫉妬」というはじめて経験する感情のせいである。トンボくんを飛行船見学に誘いに来たガールフレンドたちへの嫉妬もあるが、キキがほんとうに嫉妬した対象は「飛行船」である。なぜなら飛行能力が数値化され、序列化されるとき、より「コストパフォーマンスのいい『飛ぶもの』」が上位に位置づけられるからである。

彼女の飛ぶ力とは「無意識であるときにはじめて発動する巨大な力」だったのだ。飛ぶ力は恐怖、不安、そして嫉妬によって損なわれ、逆に晴れやかな気分のときに活性化し、「誰かのために働く」ときにさらに順調に作動し、「誰かを救おうとする」ときに最大化する。キキの飛行能力を決定しているのは主体と他者との関係なのである。

キキは自分のことを誰も知らない土地で、自分の「血」の中にある固有の力がどういう条件において発動するかを学んだ。自分がほんとうは誰なのかを学び知ってゆく。成長譚としては実に説得力のある佳話である。

キキはなぜ飛べなくなったのか。そして、なぜ飛べるようになったのか。

大塚英志は昔話「姥皮」を使い、民俗学的なアプローチによって「魔女の宅急便」を読み解こうとする。(22) 大塚の整理によれば「姥皮」における「成熟の条件」は次の六つである。

① 両親の庇護下からの離脱。
② 仮の母性の庇護下に入り、「姥皮」を受けとる。
③ 火の神の祝福・承認を受ける。
④ 労働。
⑤ 「風」の制御(あるいは「学ぶ」)。
⑥ 恋人の救済。

②の「姥皮」が先に触れた「ライナスの毛布」であり、③の火の神に該当するのは、大きな竈のあるおソノさんのパン屋と、老婦人の自宅でニシンのパイを焼く竈である。そして、宮崎駿に特徴的なものとされる⑤の要素が飛ぶことに関わっている。『血』で空を飛ぶ」というが、王の血筋にあるナウシカと異なり、キキは選ばれし者ではない。キキの「血」は魔女であれば誰もが持つありふれた才能であり、それを自分のものにする内的な成長が求められる。普通の才能しか持たないキキは「風」の制御に苦慮し、トンボから風への対応を「学ぶ」。のちに『風立ちぬ』の主役として描かれる「堀越二郎の原型」ともいえるトンボは人力飛行機で飛ぶ

ことが夢である。キキの「血」は才能や可能性であり、それを形にするには「学ぶ」必要がある。

内面の成長を物語上のエピソードとして扱うのがウルスラのくだりである。ウルスラはもう一人のキキであり、半歩先に大人になったキキでもあるため、内的な葛藤を代弁する。

「あたしさ　キキ位のときに絵描きになろうって決めたの　絵かくの楽しくってさ　ねるのがおしい位だったんだよ」

「それがね　ある日突然かけなくなっちゃった」

「それまでの絵はだれかの真似だって判ったんだよ　どこかで見たことがあるってね」

「自分の絵をかかなきゃって……」

大塚によればウルスラの「冗舌さ」は「綻び」である。宮崎は「ことば」に頼らず、ウルスラがスケッチする「この前よりずっといい顔」だけでキキの「成熟」を表現すべきだったとしている。

最後に紹介しておきたいのは、キキが風邪をひいて寝込むシーンを「初潮の暗喩なのではないか」という大塚の指摘である。先にリボンについて考察した際に用いたシーンであるが、雨の中、老婦人から孫への贈り物を届けたにもかかわらず孫から冷たい言葉をかけられ、トンボとのパーティーの約束にも間に合わなかったキキは風邪をひいて熱を出す。様子を見に来てくれたオソノさんが屋根裏部屋を出ようとするとき〔693〕、

〔キキ、声かける〕「オソノさん」

〔立ちどまりふりむくオソノさん　一寸間　キキ一寸　首をふって〕「ううん、なんでもない」


絵コンテにはこの後〔階段をおりていくオソノさんの足音が残る〕とあり、〔カオもどし息をはくキキ　人恋しい／694〕と説明されている。

大塚は、女子の通過儀礼としての「娘宿」に触れ、『となりのトトロ』のサツキに比べて「キキの表情や仕草はひどく生々しい。あの黒い衣の下で、宮崎駿はキキに生身の身体を与えたのではないかとぼくには思えてならない」と述べている。(23)

児童文学である原作にも初潮をにおわせるところはないが、キキが水着になるシーンがあり、

林明子は少し胸のふくらんだ、まるみを帯びた身体のキキを描いている。「児童」の枠を外せば、数えで一四歳の「美登利」は初潮を経て遊郭という性を売買する場に押し出され（樋口一葉『たけくらべ』一八九六）、一三歳の「袖子」は、自分を産んだ後の激しい出血で死んだ母と、今、自分にさしてきた潮に戸惑う（島崎藤村『伸び支度』一九二五）。——キキをこの系譜に置きたいという誘惑を禁じ得ない。

「半歩先に大人になったキキ」であるウルスラは「手足や胸のふくらみを隠さない」[24]。ただしヒッチハイクの二人を乗せてくれた爺さんは「そんななりしとるもんな」とウルスラを男だと思っており、ウルスラの女性性は時代と町の規範から外れたものであることがわかる。登場したときから臨月のオソノさんはまさに産む性であり、エンディングではおソノさんと、赤ん坊にミルクをやる夫が描かれる。ジジはさっさと雌猫を見つけ、これもエンディングに仔猫たちと共に登場する。ぎくしゃく進んだトンボとの恋愛もドラマチックな「救済」を経て順調である。まさに大団円のエンディングの中で、キキのからだも〈産む性〉を獲得しているのは自然なことではないだろうか。

注

（1）「豚が人間に戻るまで」『風の帰る場所　ナウシカから千尋までの軌跡』　ロッキング・オン　二〇〇二・七
（2）「映画『魔女の宅急便』誕生」『ジブリの教科書5　魔女の宅急便』　文藝春秋　二〇一三・一二
（3）『戦う姫、働く少女』　堀之内出版　二〇一七・七
（4）『魔女の宅急便』　福音館書店　一九八五・一　「大事なのは心」は二五ページに、「なるべく笑い顔でね」は三一ページにある。
（5）「風の谷から油屋まで」　引用は注（1）と同じ。
（6）「宮崎駿自作を語る」『出発点　1979～1996』　徳間書店　一九九六・七
（7）「ＫＩＫＩ　今日の少女たちの願いと心」　引用は注（6）と同じ。
（8）『少女と魔法　ガールヒーローはいかに受容されたのか』　ＮＴＴ出版　二〇一三・四
（9）「この作品では、一人の人間のいろいろな顔を見せたかった」　引用は注（6）と同じ。
（10）『スタジオジブリ絵コンテ全集5　魔女の宅急便』　徳間書店　二〇〇一・七
（11）注（5）と同じ。
（12）「思春期は終わらない――カニグズバーク『ぼくと〈ジョージ〉』によせて」『ジブリの哲学　変わるものと変わらないもの』　岩波書店　二〇一一・八
（13）注（4）と同じ。

(14) 洋泉社　一九九九・二
(15) 『魔女の宅急便』解題」引用は注（2）と同じ。
(16) 注（12）と同じ。
(17) 「訳者あとがき」松永ふみ子　岩波少年文庫　一九八九・七　改版の際、鈴木敏夫「思春期は終わらない」が解説として加えられた。
(18) 注（4）と同じ。
(19) 注（9）と同じ。
(20) 注（3）と同じ。
(21) 「空を飛ぶ少女について」引用は注（2）と同じ。
(22) 注（15）と同じ。
(23) 注（15）と同じ。
(24) 注（15）と同じ。

Ⅱ　ポルコ・ロッソとアドリア海の女たち
――『紅の豚』のジーナとフィオ

信時哲郎

カッコイイとは、こういうことさ。

『紅の豚』が公開されたのは一九九二年七月一八日。もっとも一般公開に先駆けて、タイアップしたＪＡＬの国際線では七月一日から世界初のスカイロードショーが行われていたので、これを見た人もいるだろう。糸井重里による「カッコイイとは、こういうことさ。」というコピーとともに、「飛べば、見える。」というＪＡＬ用のコピーを記憶している人もいるかもしれない。

舞台は一九二〇年代末のアドリア海。第一次世界大戦で活躍した元イタリア海軍の飛行艇乗りマルコ・パゴットは、魔法で人間の顔から豚の顔となり、ポルコ・ロッソ（赤い豚）と名乗って、アドリア海近辺を荒らす海賊ならぬ空賊と戦って賞金を稼いで生きている。

しかし空賊たちも、ホテル・アドリアーノの女主人であるジーナの前では大人しい。ジーナはポルコの友人で、ともに飛行クラブのメンバーだった。ジーナはこれまで三回の結婚をしているが、皆、同じクラブのメンバーで、三人とも戦争などで命を失っており、メンバーはポルコとジーナしか残っていない。

ポルコ打倒のため、空賊連合はアメリカ人のドナルド・カーチスを雇うこととなるが、ポルコがエンジンを修理しにミラノに向かう途中、カーチスの急襲で飛行機は大破。なんとかボディだけ守ってミラノのピッコロ社を訪ねると、設計主任は一七歳でアメリカから帰ってきたばかりの美少女・フィオ。ポルコはフィオの能力をはじめは疑うが、才能を感じて、設計を任せることとなり、飛行機は女たちだけの手で修復・改造される。男たちは、出稼ぎに行ってしまっているのだという。

ファシズムが浸透していく情勢の中で賞金稼ぎをしてきたポルコは、ミラノで秘密警察に追われ、テスト飛行もしないうちに旅立ちを余儀なくされる。フィオも整備士として飛行機に同乗することとなり、工場裏のドブ川からアドリア海に向けて飛び立つ。

ポルコがアドリア海の孤島にあるアジトに戻ると、空賊たちは待ち伏せしてポルコの愛機を破壊しようとするが、カーチスと一対一の対決をするために戻ってきたポルコに対して恥ずかしくないのか、とフィオが一喝。フィオの勇気と美貌に一目惚れしたカーチスは、もしも一騎打ちでカーチスが勝てばフィオと結婚し、ポルコが勝てばピッコロ社への飛行機修理・改造費の肩代わりをすると決める。

その夜、ポルコはフィオに第一次大戦の時の不思議な経験を語る。ドイツ軍との激戦の最中に意識を失うと、ただ一機だけで雲の平原の上を飛んでいるのに気がついた。上空には無数の飛行機が帯を作って飛んでおり、撃ち落とされた飛行機がその帯に加わっていくのが見えた。ポルコの飛行機は動きが取れずにいたが、ふと気がつくと、海面すれすれを飛んでいた。ポルコはお前だけ一人で飛んでいろと言われた気がした、という。

一騎打ちの日、ポルコとカーチスは空中戦を展開するが、いざという時になってポルコの機関銃は故障し、カーチスの方は弾切れとなる。二機は水上に下り、決着は殴り合いでつけることとなる。相打ちで両者がノックダウンしているところにジーナが駆けつけ、「あなたもう一人女の子を不幸にする気なの!?」とポルコをたきつけると、ポルコは水の中から立ち上がって勝利を収める。ポルコは賞金とフィオをジーナの船に乗せ、カタギの世界に戻してくれと頼むが、帰り際のフィオからのキスで、ポルコは一時、人間の顔に戻る。

女性の、女性による、女性のためのアニメ

『紅の豚』の配給収入は二八億円。一九八九年に公開された『魔女の宅急便』の配給収入が二一億七千万円、一九九一年の高畑勲監督によるジブリ作品『おもひでぽろぽろ』が一八億七千万円であったから、『紅の豚』は空前の大ヒットであった。一九八四年の『風の谷のナウシカ』は七億四千万円の配給収入となったものの、続く一九八六年の『天空の城ラピュタ』も、一九八八年の『となりのトトロ』も、配給収入は五億円台に低迷するという今では少し信じられない成績だったので、『魔女の宅急便』以降の三作品が宮崎とジブリの名を引き上げたと言っても過言ではない。もっとも二〇〇一年の『千と千尋の神隠し』の興行収入が三〇八億円であったことに比べれば微々たるものだが、そんな未来が来るとは、誰も予想していなかったはずだ。

松任谷由実の主題歌による『魔女の宅急便』は、一三歳の少女の自立を描いて女性たちの人気を集め、続く『おもひでぽろぽろ』も、都会で生活する二七歳のＯＬの自分探しを描いて、やはり人気を集めた。男女雇用機会均等法が一九八六年より施行され、一九八七年の大学・短

大への進学率は、女性が男性を上回るようになっていた。ホテル・アドリアーノの女主人・ジーナと、若き女設計技師・フィオの物語が歓迎されなかったわけがない。

パンフレット[1]にも、「女の子たちの「元気さ」と「強さ」がやたらと目につく時代です。それにひきかえ、同世代の男どもの情けないこと。一体、いつから男は、若い女性にとって「物足りなく」「不甲斐のない」存在になり果ててしまったのでしょうか」とある。パンフレットには続けて、「そんな風潮に敢然と挑み、若い女性たちに「カッコイイ男」を提示しようというのが本企画「紅の豚」です」とある。女性の時代だからこそカッコイイ男を、ということなのだろう。事実、一九九二年の『サンデー毎日』71には、「見終わった後で『うわあ、カッコいいなあ』」と思ったという女優・石田ひかりのコメントが紹介され、また、同年の『週刊現代』34でも、「男はみてくれじゃない。哲学と実行力だ！」として、「わが社にもいる「紅の豚」ミドル」が紹介されてもいた。「演出覚書」には「「疲れて脳細胞が豆腐になった中年男のための、マンガ映画」である」とあるものの、宣伝のターゲットは映画館に足を運ばない中年男性ではなく、女性に向けられていたようで、その狙いどおり、女性客が多く入ったようだ。

ところで『紅の豚』と女性と言えば、作画監督の賀川愛、美術監督の久村佳津など、若手女性が積極的にメインスタッフとして起用された作品だということも忘れてはなるまい。動画チェックを担当していた舘野仁美によれば、宮崎のフェミニストぶりは「言葉だけのフェミニストではなく、つねに実行するところが宮崎さんらしいのですが、スタジオの女子トイレは、まさにフェミニストとしての宮崎さんの面目躍如たるところだと感じました。『紅の豚』では、ピッコロ社の工場で、女性たちが老いも若きも総出で飛行艇をつくるシーンがあります。「女性の方が勤勉によく働く」「女性に支えられている」という宮崎さんの思いは、そのシーンにも出ていると思います(2)」とのこと。女性スタッフの中には「結局社長はピッコロで、いっぱいいる女の人たちはみんな下働き。そうした立場の男の人が女はよく働くというと、なにか楽に使えるという意味でいっているように聞こえて……(3)」という声もあったが、『紅の豚』が女性の、女性による、女性のためのアニメであることは確かであり、この姿勢がこの後のジブリ人気を支える基盤となったようにも思えるのである。

世界情勢の変化

『紅の豚』は、当初『おもひでぽろぽろ』の制作で疲れたスタッフを休ませるための三〇分程度の娯楽作品であったが（この頃からジブリは社員制となったため、こうした配慮がなされるようになった）、徐々に長くなり、九三分の映画になったのだという。ストーリーが四五分程度に膨らんだ頃、一九九〇年二月の企画書には、「何が正しいのかを考えこまなければならない映画ではなく、明快な物語展開と単純な結末とを持った映画が人々には必要なのです。登場人物たちの運命にハラハラドキドキし、おまけに腹をかかえて笑いながら、最後に主人公がいかにスカッと爽快に悪党共を懲らしめるかを楽しみにできるような、そんな映画が必要とされているのです」とある。実際、原作とも言える一九九〇年三月から連載されたマンガ『飛行艇時代』(4)はエンターテインメント色が強く、秘密警察に追われるポルコの姿がないばかりでなく、ジーナさえ登場していなかった。しかし、完成した『紅の豚』は、ただ上映時間が長くなったというだけでなく、「飛行艇時代」に比べて、また、これまでの他作品と比べても、社会的・政治的背景が目立つ作品となっている。きっかけは世界情勢の変化だったようだ。宮崎はこう語る。

ソ連の崩壊っていうのは全然ビクともしないんです。当然だと。これはむしろ圧政に抗して立ち上がるっていう古典的なパターンがあるんであってね。だから、そこじゃないんですよ。その後また民族主義かっていう、その〝また〟っていうのが一番しんどかったですね。第一次大戦の前に戻るのかっていう感じでね(5)

一九九〇年八月にイラクがクウェートに侵攻。同年一〇月には東西ドイツ統合。一九九一年一月には湾岸戦争が勃発。同年一二月にはソ連崩壊。そして作品のモデル地であったユーゴスラビアでは、一九九一年から一〇年にわたる紛争が始まっている。

宮崎は、第一次大戦の始まる直前にヨーロッパの火薬庫と言われていた地域が、また火薬庫になっていることに嫌気がさし、もう勝手にしろ、自分はどちらにもくみしないと思い、「それはある意味では豚になることなんです。日本では非国民という言い方をした、それと同じですね」[6]と言う。

かくしてポルコは豚の姿になっただけでなく、「愛国債券などをおもとめになって民族に貢献されては」と勧める銀行員に対して、「そういうことはな、人間同士でやんな」と言い返し、戦友のフェラーリンに「空軍にもどれよ」と誘われても、「ファシストになるより、ブタの方がましさ」と言い返すキャラクターになったわけである。

もっとも宮崎は、『月刊モデルグラフィックス』３（一九八五年一月）に、戦車に乗ったブタが美少女を誘拐したところを少年が助け出す「多砲塔の出番」を描き、「突撃！　アイアンポークク」の仮題で作品化も検討していたのだという。[7]つまり『紅の豚』で、初めて豚がクローズアップされたというわけではなかったにしても、豚を起用する意味が初めて明確にされたと言うことは許されるであろう。

中年男向けのマンガ映画

『紅の豚』のもう一つの特徴は、大人向けのアニメだということだろう。一九九一年四月の「演出覚書」には次のようにある。

国際便の疲れきったビジネスマン達の、酸欠で一段と鈍くなった頭でも楽しめる作品、それが「紅の豚」である。少年少女達や、おばさま達にも楽しめる作品でなければならないが、まずもって、この作品が「疲れて脳細胞が豆腐になった中年男のための、マンガ映画」であることを忘れてはならない。

等身大の女性の戸惑いや成長を描いた『魔女の宅急便』や『おもひでぽろぽろ』の成功から、この路線で行ってほしいという声も多かったようだが、宮崎はこれを受け入れず、『紅の豚』

を作中人物が成長しない、つまり大人（まだ一七歳のフィオも含めて）によって構成された映画にしたのだという。

「紅の豚」に出てくるのは自分を全部確立した人間だけなんです。フィオも揺るぎなく自分です。劇中の出来事を通じて大人になったとか、そういうんじゃないんです。自分がやることも、意志もはっきりしていて『私は私』なんです。（略）

そういうことを明確にした映画なんです。ですから、まだふにゃふにゃの自我を抱えて、それを励ましたり何かしてくれるものがほしいというひとのためのものじゃない。そういう意味で、これは若者をまったく排除して作った映画です。「バブルの餌食」はものの数ではないと決めて作った映画だから、おじさんやおばさんの「中年の映画」なんです。(8)

実は宮崎は一九九〇年一一月のインタビューで、大人向けの作品を作ることはないと断言していたのだが、(9)路線変更の理由を次のように語る。

自分が今まで作ってきた「ナウシカ」や「ラピュタ」や「トトロ」などは、自分への手紙なんです。自分のさえなかった子ども時代や、さえなかった高校時代や、さえなかった幼年時代に対する、ああいうふうにしたかったけれどもできなかった自分自身の全世代に向かっての手紙。それが「トトロ」が終わったときに真四角になって、全部出し終えてしまった。「魔女の宅急便」は、いろいろな事情でやる羽目になって、どこかふかんしながらダメージを被りながら作っていた。そして「おもひでぽろぽろ」も高畑さんとともに、等身大のキャラクターをダメージを負いながらやって、全世代へ手紙を書き終わったときに、これからどうやっていくんだと迷っている中年時代の自分にいくしかないんじゃないのと、「紅の豚」で現在形の手紙を書いてしまった。(10)

宮崎はパンフレット掲載のインタビューで、「こんなにゴチャゴチャと迷走を続けた作品は今までないです」と語っているが、これまで作ってきた作品への思い、人々の評価や期待、国際情勢、中年を迎えた自分自身の心身状況、飛行機・軍事好きの性向…が一体となってできあがった映画なのであろう。プロデューサーの鈴木敏夫も「テーマを決めてストーリーを決めて、それに従ってイメージボードを描いて、絵コンテとストーリーボードを描くという作業を」「やめちゃったのは、正確には覚えていないですけれども『紅の豚』からなんですよね。それまでちゃんとシナリオがあるんですよ」[11]と語っているが、思考実験や試行錯誤を繰り返しながら、なんとか公開できるレベルにたどり着いたものが『紅の豚』だった、ということのようである。

フィオがもどってきた〈場所〉

さて、こうした事情を踏まえた上で、フィオとジーナという二人の女性を通して『紅の豚』について考えてみることにしたい。

一七歳だというフィオはアメリカで航空工学を学んでからイタリアに戻ってきたようだが、一七歳というのはいかにも若すぎる気がする。ただ『魔女の宅急便』のキキが一三歳で一人暮らしをはじめたことを思えば、帰還の時期としてはちょうどいいのかもしれない。キキも空を飛び、その後、おそらくはトンボの所属する飛行クラブに関わっただろうことを思えば、フィオはキキの延長線上にいると言うことができるかもしれない（ジーナも飛行クラブに所属していた同類だ）。

ところで、中谷径は『紅の豚』を「アメリカについての映画」[12]だと言う。フィオがアメリカ帰りだというだけでなく、空賊たちはアメリカ人のドナルド・カーチスを雇っており、そのカーチスはハリウッドへの進出を夢み、アメリカ大統領を目指すといういかにもな設定になっている。映画中映画では、飛行機に乗った豚のキャラクターがヒロインをさらうが、ディズニーのオズワルドを思わせるキャラクターと殴り合った末に豚は敗北する。中谷は、宮崎が『紅の豚』で、戦後の日本にアメリカの影響がいかに強かったかを徹底的に描き込んだとするが、『紅の豚』以降は舞台を日本に移し、コンクリートの学校や団地といった貧しい風景を肯定し、その中でいかに暮らしていくか（『耳をすませば』）、美しく豊かな原生林を滅ぼした後の世でいかに生きていくか（『もののけ姫』）、を描くことになったのだと言う。

示唆に富んだ論文だが、アメリカ対イタリア（あるいは、その向こうにある日本）の図式にあてはまらない部分も多い。例えばフィオはアメリカからイタリアに戻ってきたとされるのだが、フィオが戻ったのは、本当にイタリアだったのだろうか。

物語の舞台となっているアドリア海は、イタリアと旧ユーゴスラビア、アルバニアに挟まれた海域で、どこの国だとも言い得ない領域である。ポルコのアジトもホテル・アドリアーノも、カーチスとポルコが戦ったのも、アドリア海にあるが、いずれも孤島で、どこの国とも陸続きではない（それを可能としているのは、この映画が飛行機ではなく、地面とは無関係に離着陸できる飛行艇の映画だからだろう）。もちろんいくら孤島であっても、近代社会でどこの国にも属していない土地など南極くらいしかないことを思えば絵空事にすぎないのだが、フィオは、このどこの国でもないアドリア海という〈場所〉にやってきたのだ、と言うべきではないかと思う。

アドリア海に巣食う空賊たちは、「１９２０年代末、世界的不況の中でくいつめた多くのパイロットが空賊となって、アドリア〜エーゲ海一帯を荒しまわっていた」[13]存在だとされるが、マンマユート団は名前からして一見イタリア人中心の一団だと思われるものの、空賊Ａのボスはパンフレットによればフランス人、Ｂのボスはスイス人、Ｃのボスはシシリー人、Ｄのボスはノルマンの末裔、Ｅはプロヴァンス人、Ｆはオーストリア＝ハンガリー帝国の元貴族、Ｇはクロアチア人と多国籍で、そこにアメリカ人のカーチスが加わっている。空賊たちは連合こそしていても、いかなる国家を代表する存在でもないし、愛国心といったものも持ち合わせてはいない。ポルコもイタリア人ではあっても、豚の姿になってイタリア空軍への参加を拒絶していることから、イタリアを代表して戦っているという意識はないだろう。一九九一年の湾岸戦争の際にはアメリカを中心にした多国籍軍が構成されたが、多国籍でありながら全くもって無思想で平和な空賊連合は、意図的にそれと対置されているのだろう。ポルコの戦友だったフェラーリンは、「冒険飛行家の時代は、終わっちまったんだ。国家とかか民族とかくだらないスポンサーをしょってとぶしかないんだよ」と語り、ポルコにイタリア空軍への参加を勧めるが、ここアドリア海では、くだらないスポンサーなしで空を飛ぶことができるのだ。

大塚英志は『紅の豚』解題[14]で、『紅の豚』はアジール、つまり「犯罪者、負債者、奴隷などが逃げ込んだ場合に保護を得られる場所」（『日本国語大辞典』）を描いた映画だとするが、まことにその通りである。ただ、大塚はポルコとカーチスの戦いが終わるとアジールも終焉を迎えたとするが、それはどうだろう。映画のラストで、フィオが「私はジーナさんとてもいい友達にな」り、今は「夏の休暇をホテル・アドリアーノで過ごすのは私の大切な決まり」になっていると語っていることを思えば、まだアジールは終わっていないと言うべきではなかろうか。ホテル・アドリアーノには「古い馴染みも通ってくる」とのことで、画面には老いた空賊連合の面々が映し出され、「まだ大統領にはなってないけど、ミスターカーチスも時々手紙をくれる」として、カーチスの顔が大きく載った映画ポスターも映し出される。フィオによれば「あれから何度も大きな戦争や動乱があった」のだというから、おそらく第二次世界大戦が終わった後のことだろうが、アドリア海のアジールは、それでも無事であったようなのだ（姿こそ見せないが、ポルコの飛行艇もラストシーンではホテルの脇に停泊している）。

宮崎は、まさに民族や宗教をめぐって大荒れになっている一九九〇年代のユーゴスラビアをモデル地として『紅の豚』の公開をし、アジールの永遠を宣言してしまっているのである。これが空想であることなど、宮崎自身、十分にわかっていたはずだ。ただ、「八〇年代の簡単な民族主義や安直なニヒリズムの刹那主義はうんざりだ」とし、『紅の豚』を「九〇年代の問題に取り組む前の、覚悟の問題みたいな、モラトリアム作品だっていうふうに思ってますけどね」としているのである。(15) 現実認識を踏まえた上で、未来につなげるためのギリギリの世界像がこれだったのだろう。

社会主義の一番中心になってる理念っていうのはなんだっていったら〝人間の尊厳〟っていう問題でしょ？　それは変わってないんですよ。だけど社会主義っていう方法でそこに橋が架かるかなって思ったけど、これはやっぱり永遠なる地平線なんだよね。だから、その当たり前の振り出しに戻ったんです。歩み続けるしかないんだっていうね。で、そのときに相当エネルギーがないと、これからはやっていけねえぞっていうね。社会主義もなにもない時代にも、鎌倉時代にも平安の末期のひどい時代にも、人っていうのは生きてきたわけで、どういうふうに生きてきたんだろうっていうことも含めて、もう少し奥行き深くこちらが強くならないと、つまりそういうふうな考えで映画を作らないとこの先はもう作れんっていうね。そういう当たり前の結論を噛みしめてるだけなんですよ。まあだから『豚』は簡単には変節しないぞっていう映画でね。(16)

ジーナと加藤登紀子

ジーナも、フィオと同じくアジールの一員であることは言うまでもない。一員どころか、アジールをアジールたらしめているのはジーナであろう。ジーナは書斎に無線機を隠し持っており、イタリア空軍のフェラーリンと連絡を取っているシーンがあるが、おそらくフェラーリン以外とも多くの情報を受信／発信し、この場所の平和、つまり戦争ではなく、戦争ごっこのみが存在する〈場所〉を維持しているように思えるからだ。

ところで、気になるのはジーナの声を担当したのが歌手の加藤登紀子であり、彼女をモデルにジーナが造型された部分もあるように思えることだ。

加藤がジーナの声を担当することに決まったのがいつなのかはわからないが、一九九一年八月二一日の日付が入った「紅の豚レポート」には声優として加藤の名前があり、主題歌「時には昔の話を」と「さくらんぼの実る頃」の名も記されていることから、この頃には決まっていたようだ。ジブリの女性スタッフたちも、ジーナのモデルは色彩チーフの保田道世か原画の篠原征子、あるいは加藤登紀子ではないかとしていたようである。[17]

加藤が抜擢された理由は、端的に言えば、劇中歌としても使われた「さくらんぼの実る頃」と「時には昔の話を」の歌手だったからだろう。「さくらんぼの実る頃」は、普仏戦争後のパリで起こった歴史上初のプロレタリアート独裁の人民政府であるパリ・コミューンで歌われた曲で、宮崎自身「空想社会主義と言われようとなんだろうと、とにかく一番ピュアに理想に出たのが〝パリ・コミューン〟ですからね」[18]とパリ・コミューンへの思い入れを語っていることから、愛着のほどが想像できる。奥田浩司も書くように、この歌を使った宮崎の心中には「権力とは関係なく〈連帯〉する、その姿に〈希望〉を託す」つもりがあったのだろう。[19]

エンディングには加藤の作詞作曲による「時には昔の話を」が流れるが、「見えない明日を　むやみにさがして／誰もが希望を託した／ゆれていた時代の熱い風に吹かれて／体中で瞬《と》間《き》を感じた」といった歌詞には、ジーナとポルコが「昔」を語り合っている様子がイメージできる。

加藤登紀子は学生運動にも深く関わっているが、夫であった藤本敏夫は京都府学連書記長を務め、一九七二年には学生運動の際の罪を問われて収監されており、加藤とは収監中に結婚している。藤本は出所後、有機農産物や無添加食品の宅配で有名な、大地を守る会の初代会長を務め、九二年には参議院比例代表区に出馬している（結果は落選）。先に「時には昔の話を」からはジーナとポルコがイメージできると書いたが、実際に「ゆれていた時代の熱い風に吹かれて」いたのは、学生時代の加藤や藤本であったようだ。

ところで宮崎は、藤本についても言及している。(20)

加藤登紀子さんの旦那が選挙に出るわけだけど、要するに新しいリアリズムを手に入れようってことでしょ？　リアリズムっていうのは、僕らが一番不得手な部分なんですよ。（略）人間に対する見方も含めて本当のリアリズムを手に入れるのは、そう簡単にはいかないだろうと思うんだけど、そういうリアリズムの方向でやっていこうっていう。

宮崎は、学生運動で深く傷つき、挫折した藤本が、大地を守る会で奔走し、さらに国政に関わろうという不屈の精神にエールを送っているようだ。とすれば「時には昔の話を」を採用したのは、空想から新しいリアリズムを追い求めようする学生運動ＯＢ・藤本を応援するためであった、と言うこともできるかもしれない（ちなみに『崖の上のポニョ』には、人間世界に見切りをつけて海の眷族として生きようとするフジモトなる不思議な人間が登場し、モデルになったのは作画監督の近藤勝也だと言われているが、深い挫折と不屈の精神を持った彼の名前は、藤本敏夫から来ているのではないかと私はひそかに思っている…）。

いや、一人、藤本だけを応援するために用いたのではないだろう。渋谷陽一は『紅の豚』に関する対談で、宮崎にこう語りかける。

――ただまあ、できれば中年の団塊の世代の人に観てもらいたいですよねえ。で、そこまで感じ取ってもらいたいですよね。

「そうですね。だから、自動的な変節はやめようっていうね……どうなんでしょうね、僕は団塊の世代じゃないんですよね、もうちょっと上ですけどね。だけど、いろんな意味でみんなわかんなくなる気がしてたけど、なんかここんところにきてね、『ああ、やっぱりこれはこれで、ここで下がっちゃいけないんだ』っていう線とか、そういうものは前よりはっきりしたんじゃないかなっていう気はしています。」[21]

宮崎は学生運動を経験した団塊世代、つまり『紅の豚』上映当時には働き盛り世代であった

「国際便の疲れきったビジネスマン達」に、今一度「昔」を思い出してもらって、「ここで下がっちゃいけないんだ」と呼びかけていたように思えるのである（宮崎も加藤も藤本も、厳密に言えば狭義の団塊の世代〈一九四七～一九四九年生まれ〉に属してはいない〈宮崎は一九四一年、加藤は一九四三年、藤本は一九四四年生まれ〉）。加藤は学生運動を「あの日のすべてはほんとうに空しいわけ。それは歴史的にも証明されていたし、自分でも空しいとわかっている。でもやっぱり空しいとは口が裂けても言えないし、絶対に誰にも言わせたくない」[22]と語るが、これはおそらく宮崎にも、そして藤本にも共通した気持ちだっただろう。団塊世代にとって大学紛争とは、加藤が言うように負の思い出としか言えないものだったかもしれない。が、戦争の思いを抱えながら、豚の顔になってでも生きていこうとするポルコが「カッコイイ」ように、「ここで下がっちゃいけないんだ」という自覚をもって生きていくことは「カッコイイ」ものなのだと、ここで提示されていたように思えるのである。

もちろん普通に考えて、アジールに逃げ込んで戦争ごっこを続ける輩がカッコイイなどとは思えないし、そんな輩に未来を託す気になどなれるわけがない。しかし、「バカさわぎは、つらい事をかかえているからだし、単純さは一皮むけて手に入れたものなのだ。どの人物も大切にしなければならない。そのバカさを愛すべし」（演出覚書）という宮崎の言葉を考えれば、表層的な批判は避けるべきだろう。『紅の豚』が「モラトリアム」でしかないのは本人も認めているとおりだが、「九〇年代の問題に取り組む前の、覚悟の問題みたいな、モラトリアム作品」(23)と捉えれば、ものわかりのよさそうな顔をしてスマートに変節する愚だけは避けようとするギリギリの抵抗、勝算はほとんどゼロでも、簡単に負けは認めないぞという気概であったように思えるのである。

注

（1）『紅の豚パンフレット』一九九二・七
（2）『エンピツ戦記　誰も知らなかったスタジオジブリ』中央公論新社　二〇一五・一一
（3）「女性スタッフ7人座談会　今だから話したい「紅の豚」のこと」『ジブリ・ロマンアルバム「紅の豚」』徳間書店　一九九二・一一
（4）『飛行艇時代』『月刊モデルグラフィックス』大日本絵画　一九九〇・三〜五
（5）『風の帰る場所　ナウシカから千尋までの軌跡』ロッキング・オン　二〇〇二・七
（6）「宮崎駿監督インタビュー　こんなに迷走を続けた作品は今までないです」引用は注（1）と同じ。
（7）叶精二「紅の豚」『宮崎駿全書』フィルムアート社　二〇〇六・三

(8)「『紅の豚』は自分への現在形の手紙だった」 引用は注(3)と同じ。
(9)注(5)と同じ。
(10)注(8)と同じ。
(11)鈴木敏夫×石井克人「ハウルの動く城 天才の創り方」『クリエイターズファイル 宮崎駿の世界』 竹書房 二〇〇五・一
(12)中谷径「『国民作家』宮崎駿の日本回帰 転回点としての『紅の豚』のアメリカ」『genron etc.#6』 ゲンロン 二〇一三・一
(13)注(4)と同じ。
(14)『ジブリの教科書 紅の豚』 文藝春秋 二〇一四・九
(15)注(5)と同じ。
(16)注(5)と同じ。
(17)注(3)と同じ。
(18)注(5)と同じ。
(19)奥田浩司「『紅の豚』と非戦〈九・一一〉以降」『ジブリの森へ 高畑勲・宮崎駿を読む 増補版』 森話社 二〇〇八・四
(20)注(5)と同じ。
(21)注(5)と同じ。
(22)宮崎駿・加藤登紀子『時には昔の話を』 徳間書店 一九九二・八

(23)　注(5)と同じ。

※セリフの引用については原則として『スタジオジブリ絵コンテ全集7　紅の豚』徳間書店(二〇〇一・九)によった。ただし絵コンテ全集にないセリフ、大きく改変されたセリフについては映画からの聞きとりによった(ことに映画のラストでの改変は甚だしい)。

Ⅲ　阿修羅のような少女——『もののけ姫』のサン

権藤愛順

血をまとった少女

サンという少女がスクリーンに初めて姿を現すシーンは、それを観る者に鮮烈な印象を与える。淵のほとりで倒れている巨大な山犬に近づく少女。小山のような身体に二尾の尾を持つこの山犬は、サンの育ての母、モロの君である。モロは人間の放った石火矢により首を負傷し倒れているのだ。サンは母モロに駆け寄り、首筋の血を吸って毒血を吐き出している。このとき、異変を察知したサンの厳しいまなざしは、少年アシタカを捉える。少女と見つめ合ったアシタカは言葉を失う。「少女のありさまに胸をつかれ」たからだ。サンのファーストアップを観たわれわれ観客も、アシタカと同様この少女の風貌には胸をつかれる。背後の巨大な山犬の野生の瞳にも劣らない厳しいまなざし。両頬と額の三か所にある真っ赤な刺青。そして、刺青の赤と同じく真っ赤な血だらけの口元。映画『もののけ姫』（一九九七年七月一二日公開）の少女サンは、野生の瞳と赤い血に彩られて登場するのだ。

宮崎駿による『もののけ姫』企画書」には、「少女は類似を探すなら縄文期のある種の土偶に似ていなくもない(1)」と記されている。たしかに、サンの風貌は土偶に似ている。しかも、呪術的な要素を持った土偶にである。よく知られているように、土偶の顔の表面には様々な文様が施されている。この文様は、「黥《げい》」といって顔に施された刺青である可能性が指摘されている。また、縄文期の土偶の刺青の多くに赤色の塗料が用いられたこともわかっているが、これは赤という色になんらかの威力があると信じられていたことを示すという(2)。サンが闘いの場面で被る土偶を思わせる仮面もまた赤色で、この野性そのものの少女には太古の呪術的な雰囲気が濃厚に漂っている。赤という色の威力を顔面に刺青として施し、口元を真っ赤な血で染めた少女は、人間への敵意で燃え立っている。少女は「去れ！」という一言だけを残して、山犬たちと共にスクリーン上から姿を消す。

スーザン・J・ネイピアは、『もののけ姫』に登場する女性キャラクターの異質さを指摘している。ネイピアは、『もののけ姫』で描かれる女性たちは、伝統的でステレオタイプな女性像を打ち崩すものであると共に、『もののけ姫』以前の宮崎駿の作品に描かれたどの女性キャラクターとも異なると述べている。そして、「最も興味を引くのは、映画の「ヒロイン」であるサンが、容赦なく暴力を振るう非情な人間に描かれていること」[3]だと言う。

映画の「ヒロイン」としてはあまりにも異質な存在のサンは、絵コンテでは「悪鬼」あるいは「阿修羅」に喩えられている[4]。たとえば、サンのファーストアップの場面では「悪鬼のよう」とされているし、続く場面では「スッと起ち上がる少女　阿修羅とはこのような姿か」、「左腕をあげ口元をぬぐう　口さけ女のようになってスゴイカオ」という描写がある。阿修羅は、怒り激しく闘う鬼神である。とくに鎌倉時代の六道絵は有名だろう。聖衆来迎寺蔵の六道絵に描かれた阿修羅の姿で何よりもまず目に留まるのは、憤怒で全身を真っ赤にしているその激しい色彩である。さらに、手には武器を持ち髪の毛は怒りで逆立っている。サンがアシタカに向かって「去れ！」と言い残す場面の絵コンテでは、サンは「阿修羅の如き髪の毛」であるとされている。顔に刻まれた真っ赤な刺青と、血で真っ赤に染まった口元。そして阿修羅のように逆立つ髪の毛。少女サンはまさしく鬼神に他ならない。金子啓明は、阿修羅とは帝釈天に勝てないことで闘いの苦しみを味わい、そして、その苦しみがやがて「業」にまでなってしまった存在であるとしている。[5]　少女という存在に、業になるほどの怒りや苦しみは似つかわしくない。しかし、サンはその僅か十数年と思しき人生で癒えることのない業を背負ってしまった存在なのである。

生贄として捧げられた少女

映画『もののけ姫』のそもそもの原案は、宮崎が一九八〇年代に製作したストーリーボードにある。原案と映画ではストーリーはまったく異なるが、サンの名前は元々のストーリーボードに描かれた少女の名前「三の姫」から採られた。注目すべきは、その生い立ちである。初期設定版「もののけ姫」の三の姫は、姉妹の中でも心優しいがゆえに父親が大山猫（もののけ）に犠牲として差し出した少女であった。同じく映画『もののけ姫』のサンも親に捨てられた少女である。サンの母親である山犬モロは、「森を犯した人間がわが牙をのがれるために投げてよこした赤子がサン」であるとアシタカに言う。[6]

宮崎は、サンは「人間を否定」し、「人間という存在を醜いものと考えている」[7]少女であると語っている。サンが人間を否定するのも当然だろう。彼女は、人間世界の存続のために大人たちによってその小さな身体を犠牲とされた「不幸」(モロのセリフ)な少女なのである。

映画『もののけ姫』は、サンが代表する自然と、タタラ場を率いるエボシ御前が代表する文明との闘いであるというように受け取られることも多いが、宮崎自身も述べているように、サンは単純に自然を代表する少女ではない。サンは、「人間の犯している行為に対する怒りと憎しみを持っている。つまり今現代に生きている人間が人間に対して感じている疑問を代表している」(8)のである。

他者の生のために犠牲となったというサンの自己意識は、人間への憎しみに転嫁される。人間は、森の神の怒りを鎮めるために赤子のサンを生贄とした。しかし、彼らによる森の侵犯のスピードは増すばかりである。エボシ御前率いるタタラ場の者たちは、鉄を作るために森を破壊し続ける。人間に対するサンの憎悪がふくらみ続ける原因はまだある。人間のために生贄となったサンを、タタラ場の人々は「山犬」と呼ぶ。人間の犠牲になったにもかかわらず、人間はサンを人と見なしてはいないのである。永沢哲の言うように、映画のタイトルでもある「もののけ姫」とは、自分たちの世界を襲うサンに人間たちがつけた名前である。タタラ場の人々にとってのサンは、もはや人ではない。「外から襲ってくる野蛮な力、おさえこむことのできない自然の憎悪の力」[9]なのである。

しかし、サンが背負うものはそれだけではない。人間に「山犬」と呼ばれ怖れられるサンは、森の「もののけ」達の中にあっても異端者なのである。アシタカの血を得ることで人間を倒そうと目論む森の猩々たちはサンに言う。「シシ神さま　たたかわない　わしら死ぬ　山犬のヒメ　平気　人間だから」。猩々たちのこの言葉は、サンの心を傷つける。モロは、サンことを「人間にもなれず山犬にもなりきれぬあわれでみにくいかわいいわが娘」と言うが、サンは、親から捨てられ、人間から怖れられ、そして森の世界の中でも異端者であり、世界から完全に拒絶された存在としてある。永井哲が指摘しているとおり、まさに、「まがまがしきもの、触れたくないもの、触ると血がこびりつくものとしての『もののけ姫』[10]」として、人からも森からも排除されているのだ。そして、この世の不条理の一切を背負ったかのような少女は、少年アシタカと出会う。彼もまた人生の不条理を負った存在である。

「鬼」と「もののけ」の出会い

アシタカは、大和政権との闘いに敗れたため身をひそめて暮らすエミシの一族の少年である。

やがてはエミシ一族の長となることが約束されていたが、ある日を境に彼の人生は一変する。アシタカ達の暮らす村をタタリ神が襲うのである。タタリ神は、人間によって殺された猪だ。その全身は無数の「黒い呪いの蛇」[11]で覆われている。映画の冒頭に現れるタタリ神の姿は圧巻である。うねうねとうごめく無数の黒い蛇を全身にまとい、森の樹々をなぎ倒しながらやって来る、もはやこの世のものではない巨大な猪。その身体中に蠢く無数の蛇は、個々がバラバラにのたうっているにもかかわらずまるで一つの集合的な意思を持っているかのようで不気味である。「人の世のすべての宿業が　生きものの形をとった」[12]このタタリ神から村と村の娘を助けるために、アシタカはタタリ神に矢を放つ。その際彼はタタリ神の触手に右手を焼かれ、消えることのない赤黒い蛇のようなタタリの刻印を身に負ってしまう。村の老女ヒイ様は、タタリ神の体内に打ち込まれた鉄の塊を取り出し、何か不吉なことが起こっている西の土地に旅立ち「くもりのない眼で物事を見定めるなら」呪いを絶つことができるかもしれない、と言う。そして、アシタカは自らの手で髷を切り故郷を後にするのだ。

　宮崎は、映画『もののけ姫』においては、「〝祝福されぬ〟主人公でなければ、主役足りえない」[13]と述べている。映画の冒頭で「不条理な死の呪い」[14]をその身に負った彼はまさに「〝祝福されぬ〟主人公」である。映画『もののけ姫』を語る宮崎は、しばしばこの「不条理」という言葉を口にしている。宮崎は言う。

不条理に呪われないと意味がないですよ。だって、アトピーになった少年とか、小児喘息になった子供とか、エイズになったとか、そういうことはこれからますます増えるでしょう。不条理そのものですよ[15]

アシタカは、守るべきもののためにタタリ神を殺したのだが、結果、その正義は自らの身に死の呪いとなってふりかかってしまう。旅立つ際の髷を切るという行為は、アシタカがエミシ一族の者ではなくなるということであり、二度と故郷に戻ることができないということの表れである。この行為は、「人間をやめることに等しい[16]」ほど重い意味を持つ。

さて、ヤックルとともに西の地を目指すアシタカの旅において、少年が初めて遭遇するのは民衆が雑兵に襲撃される場面であった。ここでもアシタカは、誰かを救うための殺しを行わなければならない。ただ、タタリ神を殺したときと異なるのは、アシタカが殺害の意志をもったとき、右腕の蛇の痣がうごめき、強烈な痛みとともに少年に並外れて暴力的な力を与えるということである。村人を襲う雑兵を狙ったアシタカの矢は、猛烈な勢いで兵士の両腕を切る。兵士の両腕は、太刀を持ったまま放たれた矢でもって木の幹にぶら下がる。それでもアシタカは、自らの右腕を制御できず、別の雑兵の首を吹き飛ばす。生き残った雑兵は、アシタカが去ったあと「鬼だ…」とつぶやく。アシタカは、『鬼』として、異なる空間に姿をあらわした(17)のだ。

梅原猛は、アシタカの右腕の痣は「一種の差別の印(18)」であるとしている。不条理な生を運命づけられただけでなく、その運命ゆえに人々から差別され排除されてしまう存在という意味で、アシタカとサンはそっくりだ。アシタカは人間に「鬼」と呼ばれ、サンは「もののけ」であると怖れられる。さらに、異端者としての印は、人々の目にはっきりと見える形で徴づけられている。アシタカの右腕の蛇が巻き付いたかのような赤黒い痣と、サンの顔に刻まれた真っ赤な刺青は共に、彼らが周囲の人々とは異なる存在であることを示す「差別の印」として機能する。

たとえば、サンとタタラ場の人々との争いが起こったとき、「怒りと悲しみ」に震えるアシタカの心を代弁するかのように、彼の右腕の痣は青い光に包まれて浮き上がり「黒いヘビのようなもの」になってまとわりつく。その異常な右腕を見たゴンザはアシタカに向かって「やはりもののけの類か」と叫ぶ。人間ではない「もののけ」として、アシタカとサンは共に排除されてしまう哀しみを背負っているのだ。映画『もののけ姫』には、共に不条理な運命を生きざるを得ない少年と少女の出会いが描かれていると言えるだろう。

少年と少女の類似性はそれだけではない。アシタカはサンの暮らす照葉樹林の森の世界と親和性のある少年として描かれていることにも注目しよう。山犬たちとの闘いで負傷した甲六たちをタタラ場に連れて行くため、アシタカは森を通り抜ける。アシタカは、森に棲むコダマたちの存在に気づき「ここにもコダマがいるのか」と呟く。アシタカは、コダマたちが棲む森に敬意を払い、森の奥深くへと進んでいく。興味深いのは、アシタカとは対照的に甲六が終始森に対して恐怖心を抱いていることである。甲六は、この森に棲むのはコダマたちだけではない、とアシタカに告げる。豊かな照葉樹林が生い茂るこの森には、山犬たちよりも「もっとおっかねえ化物の親玉」であるシシ神が棲んでいると甲六は言うのだ。しかし、アシタカは一向に怯える様子を見せない。甲六たちにとっては化物たちが蠢く恐ろしいものである森が、アシタカにとってはそうではなく、むしろなじみ深い場所であることがわかる。

一柳廣孝は、映画の中で「アシタカが生まれ育ったと思われる共同体のありようが、とても丁寧に描かれている」ことに注目し、アシタカが暮らしていた「共同体と森の境界として組まれた石垣の低さは、この共同体における森との距離の近さ・森との共生関係を示している」[19]と指摘した。「ここにもコダマがいるのか」というアシタカの言葉は、彼が生まれ育ったエミシの村人が、カタカタと首を振る森の小さな精霊コダマたちを自然に受け入れていたこと、そしてコダマが棲むことのできる森は、「ゆたかな」森であると認識していたことをうかがわせる。アシタカは、サンが憎む人間たちとは異なり、森と共に生きてきた人間なのである。甲六たちが森を怖れても、アシタカはコダマの後についていくことを一切ためらわない。なぜなら、アシタカにとって照葉樹林の深い「ゆたかな」森は彼が後にした故郷の一部でもあるからだ。

森の奥深くに進むにしたがって、コダマたちの様子に変化が見られる。そこは、「普通の森」とは位相が異なる、さらなる森の深みである。絵コンテには「透明感ある神秘の世界」と記されているが、画面に広がるそれまでの森の色彩とは全く異なる森の深い緑の描写は、「透明感」という言葉では表現しきれぬほど素晴らしい。森は清らかな水を滔々と湛え、地面だけでなく樹皮も美しい苔に覆われている。蝶たちが羽ばたく森の深部には、コダマたちの「母親」である「壮大な枝をひろげたオフクロの樹」がそびえる。「オフクロの樹」に登っていくコダマたちは、「形もあいまい」に「輪の中にとけていく」。アシタカは、ここで山犬の足跡を発見しサンたちの「ナワバリ」を知り、そして黄金の光に包まれたシシ神の姿を垣間見ることになる。サンが生きるのは、このような「普通の森」のさらに深部、森の母がいる場所なのである。しかし、甲六はここを「あの世の入口」であると恐怖する。「あの世の入口」でしかない森の奥深くで、コダマたちに囲まれて暮らすサンは、人間にとっては、まさしく「化物」に他ならない。しかし、アシタカにとっては違う。アシタカも深い森の美しさを知る少年なのだ。だから、アシタカにはサンの美しさがよくわかる。

　アシタカは、死んでもかまわないというサンに「生きろ　そなたは美しい」と告げる。この時、少女は生まれて初めて人間に生きることを肯定されたのである。人間にとっても森の生物にとっても「もののけ」でしかなかった少女が生まれて初めて投げかけられた「美しい」という言葉、そして「生きろ」という、存在を肯定する言葉は、大きな衝撃を少女に与える。そして、「生きろ」というアシタカの言葉に対するサンの返答は、負傷したアシタカをサンが生かすという形となる。自らを救うために傷を受けたアシタカに、サンが干し肉を与える場面がある。倒れたアシタカには、干し肉をかみ砕く力が残っていない。それを見たサンは、自ら固い干し肉を噛み柔らかくし、口移しでアシタカに与える。映画の冒頭で、モロの君を生かすために、傷口の毒血を吸っていた場面と呼応するとても印象的な場面である。アシタカは、まるで自らの分身のようなサンに「生きろ」と告げたが、帰る場所を失くして身体に不吉な呪いの痣をつけたアシタカも誰かに「生きろ」と肯定されたかったはずである。サンがアシタカに与えた干し肉は、サンからアシタカに向けた「生きろ」という言葉なのであり、それを受けたアシタカは涙するのである。

業の連鎖

宮崎駿は、「生きてるっていうことは、血が流れて生きてるんだから。だから、そういうものとしての血は表現してもいいんだと思う[20]」と語っている。宮崎の言うとおり、われわれは血を流さずには生きていくことができない存在である。その意味で、サンという少女は人間の生そのものであるとも言える。親の命を救うために口を真っ赤に血で染めるサン。サンがアシタカに与えた肉も象徴的だ。人が生きるためには、他の生き物の血を流さざるを得ないということをこの場面はよく表しているからだ。人間は、生き物の血を流し、そして、その肉を食い生きる存在なのだ。網野善彦は、映画『もののけ姫』という作品は、「「生きる」ことは、何かを殺すことでもある。そういう意味で、人間が背負っていかなければならない問題を、正面からつきつけている映画[21]」であると述べている。

この映画では、大和政権によって北に追いやられたエミシ一族の住む場所、サンが暮らす照葉樹林の森、そして、エボシ御前が率いるタタラ場という三つの場所とそこに住む人々が描かれる。ともすれば、アシタカやサンが代表する自然と、エボシ御前が代表する文明の相克という二項対立の図式になりやすい構図であるが、宮崎は、安易な二項対立によって善と悪を作り出すことを慎重に避けている。宮崎は、「定住者ではなく、冒険者や漂泊者、旅人、あるいは異界に通ずる者たちなど、本性において所在のない人々であるか、少なくとも所在が不確定になっている人々」を「肯定」[22]していると澤野雅樹は指摘している。澤野が言うように、『もののけ姫』は、「国家や社会の暴力を全身に受け、絶えず制圧されてきた集団」を描いた「賤民たちの物語」[23]でもある。そして、そのような人々に対する宮崎の「最高度の肯定の表現が「生きろ」という一語に集約している」[24]のである。

たしかに、澤野の言う「賤民たち」の集団であるタタラ場の人々を、この映画は実に生き生きと描いている。美しく決断力があり、男たちよりも堂々とタタラ場を取り仕切るエボシ御前は言うまでもない。甲六に象徴されるように、女たちの尻に敷かれてはいるがとても愛嬌のある男たちの屈託の無さも良い。そして、タタラ場で働く女たちである。彼女たちは、あらゆる意味でサンとは対照的だ。ほがらかで、常に笑顔を絶やすことのない働き者の女たち。彼女たちの肉感的な胸と、タタラを踏む足や二の腕のたくましさは、思わず見惚れるほど魅力的である。しかし、彼女たちは生まれ落ちたときから幸福だったわけではない。彼女たちは、身売りされたのであったのをエボシに引き取られたという過去をもつ。またエボシは、人間たちから差別された「業病」の者たちをも引き取り、石火矢作りに従事させてもいる。全身に包帯を巻いた彼らの病とは、「眼もつぶれ、手足もとろけ」てしまうような恐ろしい病である。網野善彦は、彼らは「当時の社会の一部から「業《ごう》」を背負っており、「穢れ」「悪」と関わりある人々ととらえられはじめている」のだが、宮崎は「「穢れ」「悪」をむしろプラスの強い力として描」[25]いていると指摘した。

病に侵され今にも息絶えそうな男は、アシタカに向かって、「わたしも呪われた身ゆえあなたの怒りや悲しみはよーく判る」のだと言う。彼らも、アシタカと、そしてサンと同じなのだ。自らの力だけではどうすることもできない不条理な「苦しくつらい」生を背負わざるを得ない存在なのである。しかし男は、「世を呪い　人を呪い　それでも生きたい」と言う。タタラ場に生きる「業」を背負った人々に「生きたい」と思わせる力を与えたのは、他ならぬエボシである。しかし、そのエボシが放った石火矢がタタリ神を生み、巡り巡ってアシタカの人生を一変させたのである。人が生み出す業の連鎖の網の目に捉えられた存在という意味では、サンも同じだ。しかし、人間の世界から迫害され差別された人々であるタタラ場の者たちも、サンを「もののけ」と呼び、迫害し差別をする。暴力や憎悪を再生産し続けるわれわれ人間世界のあり方を、映画『もののけ姫』は描く。ジコ坊というキャラクターは、「この世はたたりそのもの、恨みそのもの」だと言うが、そうした世界を生み出し続けるのはわれわれ人間に他ならないのである。

共に生きるということ

人間が生みだし続ける不条理な生を引き受けざるを得ない者たちは、「なぜ私がそれを引き受けなければならないのか」という問いから逃れることはできない。宮崎は、不条理とは次のようなものだと言う。

なぜ彼は病気になるのに僕は病気にならないのかという問題と同じです。それは近代医学で説明するならば、「ここで感染したからだ。」と言うけれども、なぜ彼は感染して、僕は感染しなかったのかというのは説明できないですよね。つまり多くの人間にとって災厄というのはなぜ自分に降りかかってくるのか説明できないんです。(26)

タタラ場に生きる者たち、アシタカやサン、みな一様に何度も胸の内にこの「なぜ」という問いを繰り返したはずである。サンの場合ならば、「なぜ他の者ではなく自分が生贄になったのか」という問いは何度も繰り返されたに違いないし、答えのないその問いはサンを幾度も苦しめただろう。河合隼雄は、心理療法のために医師の元を訪れた患者からは、この「なぜ」という問いが発せられると言う。(27) そして、「なぜ自分の人生はこのようなことになってしまったのか」、「なぜ最愛のあの人は死んだのか」という患者の問いに対して、自然科学的な答えを指し示しても、患者が治癒することはないと河合は言う。「なぜ死んだのか」という問いに、医学がその原因を示すことは容易である。しかし、合理的に示された答えではその先にある人々の苦しみを解決することはできない。不条理な人生に答えを提出することの困難さ、という宮崎の問題意識は、河合隼雄が心理療法の現場で直面した困難さと重なっている。では、「なぜ災厄が他の誰でもなく自分に降りかかり、なぜこのように苦しいのか」という問いにこの映画はどのような答えを見出しているのだろうか。

アシタカは、人間が生み出し続ける憎悪の連鎖を食い止めようとする少年である。タタラ場でアシタカは、自らの呪われた右腕を示し、「これが身の内にすくう憎しみと恨みの姿だ。肉をくさらせ死を呼びよせる呪いだ。これ以上憎しみに身をゆだねるな」と叫ぶ。一方、あれ程人間を恨んでいたサンも、タタリ神へと変貌する乙事主に取り込まれることを拒否する。アシタカの右腕を焼いたのと同じタタリ神の全身のネバネバしたものに取り込まれそうになったとき、サンは「いやだタタリ神なんかになりたくない」と叫ぶ。アシタカと同じく、サンもまた憎しみだけの存在になることを拒否している。サンとアシタカは合わせ鏡のような存在なのだ。

タタリ神になることを拒否はしたが、結局サンの人間に対する憎悪の気持ちは消えることはない。それでもサンは「アシタカは好きだ」と言う。そのようなサンに、アシタカは「共に生きよう」と告げる。これからも森で生き続けるサンに、アシタカはヤックルに乗って会いに行くと約束する。森とタタラ場、離れ離れの場所に暮らしながら、それでも「共に」生きることを二人は選ぶのである。

かつてアシタカは、サンの母モロに「あの子を解きはなて　あの子は人間だぞ」と迫った。サンが森に縛られていると思い、サンを人間の世界に解放することがサンの幸せであると考えていたかつてのアシタカからの大きな変化が物語の最後には描かれているのだ。宮崎は、「今後のアシタカというのは、これから生きていく人間達とまったく同じで、いちばん引き裂かれながら生きていく存在になるだろう」(28)と述べている。「引き裂かれながら生きていく」のは、サンも同じだろう。アシタカという存在を受け入れたサンは、今後アシタカ以外の人間とアシタカへの想いの間で葛藤し新たな心の痛みを味わうに違いないからだ。

二人は共に「受難の道」[29]を歩むことになるだろうが、それでも生きていくことができるのは、痛みを「共に」生きる他者がいるからである。それは、憎悪を再生産する生ではなく、憎悪や苦しみを「共に」生きるということである。こうした他者への同情のあり方は、英語でいうcompassion、つまり痛みを共にするということをその語源にもつ同情のあり方に近い。サンやアシタカが囚われた、不条理な生に対する「なぜ」という問いは今後も消えることがないのかもしれない。だが、他者の痛みを想い、他者に理解されることによって二人の生には救いが生まれたのだ。

映画『もののけ姫』にはあらゆる形で暴力や残忍さというものが描かれている。スーザン・J・ネイピアは、モロやエボシといった他の女性キャラクターと同様、「女性性を異化」して作られているサンという少女が「女性と自然を神聖な日本的調和（harmony/wa）の一形態とする従来の見方を異化していること」[30]が重要だと指摘している。たしかに、少女サンは憎悪や闘いの化身であり、それまでの宮崎の描いた少女たちとは異なるキャラクターではある。だが、彼女の阿修羅のような顔の下には、少女の弱さがある。タタラ場での闘いの際、気を失い倒れるサンを絵コンテは、「白い花びらのよう」、「いたいけな少女のよう」と描写する。宮崎は、暴力や残忍さ、あるいは凶暴性というのは、われわれ人間の「生命のなかにくっついている」と述べたが、サンを通して描かれるのは、「白い花びらのよう」にはかない少女の生命にもこの世の「タタリ」がくっついているという人間の生のあり方だ。

ネイピアは、『もののけ姫』に描かれる女性たちが母性神話を「異化」していると指摘したが、そうだろうか。『古事記』のイザナミがそうであるように、本来女性性とは母性と暴力性の二面性を持つものではないだろうか。イザナミは、国々を生み出す神でありながら、死者たちの住む黄泉国の神ともなる。産み、そして殺すものでもある女性の二面性は、この映画ではシシ神によく表されているように思う。おそらく性別を超えた存在がシシ神なのだろうが、「生命を与えもし奪いもする」というシシ神は女性性そのものだ。シシ神は、傷ついた者を癒し緑を再生させもするが、映画のラストではこの世のすべてを破壊し殺す恐ろしい神として描かれる。「生命そのもの」であるシシ神は、まさに人の「生命にくっついた」生産性と暴力性という二面性を表現する存在なのである。(31)

そのシシ神の夜の姿が巨大なディダラボッチである。巨人の身体中には印象的な文様がある。この文様を唐草文様とする指摘もあるが、渦巻文と見ることもできるように思う。樹下龍児は、「遥か原始のむかしから人類の祖先がたいそう執着していて、文様のはじまりを告げる」「うねうねと撓るヘビのいのちのエッセンスをそのままに写し取ったかたち」が渦巻文であるとし、渦巻文は縄文土器に繰り返し描かれていると指摘している。中でも、有名な「縄文のヴィーナス」は、「渦巻というかたちの本質」を表現する「生命力のシンボル」であると言う。[32]河合隼雄もまた、「生の神であると同時に死の神である二重性は、渦巻線によって象徴されること」があるとしている。[33]よく見ると、ディダラボッチの渦巻の文様とアシタカの腕の痣はよく似ており、ここでも宮崎は暴力と切り離しえない人間の生のあり方を表現しているように思える。加えて、サンは阿修羅のような少女としてわれわれ観客の前に姿を現したが、この阿修羅もまた、闘いの神としての顔と生命力の神という二面性を持つ神でもあることを想起しよう。[34]

「共に生きよう」と、少年が少女に言った言葉にはとても重みがある。それは、二項対立的な物の見方を超えようとする二人の意志なのだ。少年と少女は、内に巣くう不条理や暴力と、生きようとする生命力という、相反する要素を抱えながら今後も生きていくだろう。そして、彼らが離れた場所で生きていくことを可能にするのは、痛みを「共に」感じ「生きろ」と言ってくれる他者の存在を確かに感じることができるからなのである。

注

（1）「荒ぶる神々と人間との戦い　この映画のねらい」『折り返し点　一九九七～二〇〇八』岩波書店　二〇〇八・七

（2）吉岡郁夫『いれずみ〈文身〉の人類学』雄山閣出版　一九九六・九

（3）『もののけ姫』ファンタジー、女性性、「進歩」という神話」神山京子訳『現代日本のアニメ『AKIRA』から『千と千尋の神隠し』まで』中央公論新社　二〇〇二・一

（4）以下、絵コンテの引用は全て『スタジオジブリ絵コンテ全集11　もののけ姫』徳間書店　二〇〇二・一による。

（5）「阿修羅像の意味するもの　興福寺阿修羅像の美と形」『阿修羅を究める』小学館　二〇〇一・一

（6）切通理作は「宮崎作品の特徴として、主人公たちには両親がいないか、いても存在感が希薄である」と指摘している（『増補決定版　宮崎駿の〈世界〉』筑摩書房　二〇〇八・一〇）。

（7）「ベルリン国際映画祭　海外の記者が宮崎駿に問う、『もののけ姫』への四十四の質問」『ロマンアルバム　アニメージュスペシャル　宮崎駿と庵野秀明』徳間書店　一九九八・六

（8）注（7）と同じ。

（9）「神々は死んだのか　サンからの問い」『ユリイカ臨時増刊　総特集　宮崎駿の世界』一九九七・八

（10）注（7）と同じ。

(11) 宮崎駿「タタリ神」 引用は注(1)と同じ。
(12) 注(11)と同じ。
(13) 注(1)と同じ。
(14) 注(1)と同じ。
(15) 「タタラ場で生きることを決意したとき 一九九七年七月『もののけ姫』インタビュー」『風の帰る場所 ナウシカから千尋までの軌跡』ロッキング・オン 二〇〇二・七
(16) 注(1)に同じ。
(17) 一柳廣孝「境界者たちの行方『もののけ姫』を読む」『ジブリの森へ—高畑勲・宮崎駿を読む 増補版』森話社 二〇〇八・四
(18) 「アニメーションとアニミズム「森」の生命思想 梅原猛・網野善彦・高坂制立各氏との座談会」 引用は注(7)と同じ。
(19) 注(17)と同じ。
(20) 注(15)と同じ。
(21) 「「自然」と「人間」、二つの聖地が衝突する悲劇 映画『もののけ姫』評」『歴史と出会う』洋泉社 二〇〇〇・五
(22) 「生を摑む足『未来少年コナン』から『もののけ姫』へ」 引用は注(9)と同じ。
(23) 注(22)と同じ。
(24) 注(22)と同じ。

(25)　注（21）と同じ。
(26)　注（7）と同じ。
(27)『ユング心理学入門』　培風館　一九六七・一〇
(28)「宮崎駿インタビュー　引き裂かれながら生きていく存在のために」　引用は注（9）と同じ。
(29)　注（7）と同じ。
(30)　注（3）と同じ。
(31)　叶精二は、ラストシーンに「日本神話に共通する」「死体化生型神話」との類似点を指摘している（『別冊　COMIC BOX　「もののけ姫」を読み解く』　一九九七・八）。
(32)『日本の文様　その歴史』　筑摩書房　二〇〇六・一一
(33)　注（27）と同じ。
(34)　阿修羅には強い生命力を生み出す一面がある。ヒンドゥー教のアスラは「乳海攪拌」神話の中で、生命を生み出す神として語られている。

Ⅳ　等身大の少女――『千と千尋の神隠し』の千尋

取屋淳子

ぶちゃむくれた一〇歳の少女

「トンネルのむこうは、不思議の町でした。」というキャッチ・コピーで二〇〇一年の夏に公開されたのが、『千と千尋の神隠し』である。宮崎駿作品の中で一番の大ヒットとなった長編アニメーション作品であり、公開から四カ月足らず経った一一月一〇日には、『タイタニック』(ジェームス・キャメロン監督　一九九七年公開)が一年余りかけて稼いだ二六〇億円の興行収入(日本国内のみ)をあっさりと抜き(1)、それまで日本国内で公開された全映画作品の中でも、最高記録を打ち立てた。最終的な興行収入は三〇八億円にのぼり、二〇一六年に公開された新海誠監督作品『君の名は。』が興行収入二四〇億円の大ヒットを記録した際に、新たな金字塔を打ち立てるのではと騒がれたが、結局『千と千尋の神隠し』の壁は越えられず、この大記録は、いまだ破られていない途方もない記録である（二〇一八年一月現在）。

物語は、荻野千尋一家が引っ越すところから始まる。主人公の千尋は、お父さんが運転する車の後部座席で寝転び、これから通う新しい学校にも興味を示さず、いかにもやる気がない。一人っ子で、見るからに甘ったれな感じのする女の子である。宮崎駿作品には、「旅立ち・引っ越し」がキーワードとなっている作品が多いが、同じ引っ越しでも『となりのトトロ』（一九八八年公開）のサツキとメイには、そのワクワク感が見て取れたが、千尋にいたっては、その登場シーンから無気力・無関心で、そういった意味でも異色の主人公である。

その千尋を乗せた車は、森へ続く舗装されていない道に入ってしまう。そこは、神様が棲むという石の祠《ほこら》が両側にあり、行き止まりにはトンネルがあった。不思議な風に背中を押されるようにトンネルを抜けると、食べ物屋ばかりの店が並んだ無人の屋台が並ぶところだった。その屋台村のようなところに足を踏み入れた一家は、美味しそうな香りに誘われ、両親は店主の許可も得ずに、勝手に並んであった料理を食べ始め、千尋が気付いた時には、豚にされてしまっていた。千尋は途方に暮れてしまうが、謎の少年（ハク）に、この湯屋を仕切っている湯《ゆ》婆婆《ばーば》という魔女から仕事をもらわなければ、自分も動物にされてしまうと教えられ、両親を人間に戻し、元の世界に戻るために、千尋は「千」として湯屋で働き始める。湯屋では、足手まといであった千（千尋）であるが、釜爺やリンに助けられながら、奮闘し、自立していく。その過程で、千尋は、湯屋に紛れ込んできて巨大化したカオナシを救い、自ら銭婆《ぜにーば》（湯婆婆の双子の姉）のところへ赴くことで、湯婆婆の手下となっていたハクに本当の名前を取り戻させ、最後には、掟だからと湯婆婆が出した問題に見事大当たりをし、元の世界に戻っていく。もと来たトンネルを戻り、両親に促されて車に乗る直前、何かを決意したように千尋がパッと振り向く時に、銭婆からもらった髪留めがキラッと光るという印象的な場面から、車が走り去るところで物語は終わる。

この『千と千尋の神隠し』という作品の主人公、千尋は、その登場シーンからも容易に察することができるが、宮崎作品には珍しく、どこにでもいそうな「等身大」の少女である。作品パンフレットの中で、宮崎が「僕の十歳くらいの小さな友人たちに「あんたたちのために作った作品だ」って言えるものを作ろうと思った」、「ちょうど十歳の女の子たちのリアリティ、心のリアリティをなぞって描いたもの」(2)と語っているように、他の作品とは異なり、特定のモデルがいるわけではないが、一〇歳の普通の女の子が主人公となっている。

主人公の少女というのは、一般的に外見が整っている美少女とされているが、千尋は、その登場シーンからして、甘ったれで、やる気のない「ぶちゃむくれのだるそうな」(3)少女である。湯婆婆と初めて会った時も、「まあ、みっともない娘が来たもんだね」と呆れられ、契約する時にも、「みるからにグズで甘ったれで、泣き虫で、頭の悪い小娘に、仕事なんかあるもんかね。おことわりだね。これ以上、ごくつぶしを増やして、どうしろっていうんだい」と、散々な言われようで、およそいわゆるヒロインらしからぬ少女である。それまで、その登場シーンの一瞬で、観客の心をグッと摑んだ少女がほとんどだった宮崎駿作品には存在していなかったタイプである。そういった設定もあり、千尋という主人公は、物語が進むにつれ、活き活きと、颯爽とした少女へと変わっていった事で、より観客の共感を得たのであろう。そして、同年齢の子どもたちはもちろん、大人の観客の琴線にも触れることとなった。

宮崎駿作品の他の主人公たる少女たちと、決定的に千尋が異なるのは、観客との「距離感」

であろう。確かに私たちは、ナウシカの王蟲《オーム》への愛と慈しみの気持ちや、サツキとメイの我慢や寂しさを(4)、物語を通して、それぞれの気持ちを汲み取ってきた。しかし、千尋の場合は、ただ気持ちを汲み取るだけではなく、特徴的な事として、まさに観客一人一人が千尋となり、追体験、いや同時体験ができた点にある。それは、宮崎の意図したものである。作品の完成報告記者会見で、「お父さんもかつて十歳だったはずだから、お母さんも十歳だったはずだから、その自分で千尋の側に立ってこの映画をみてもらいたいとほんとに思っています」、「はっきりしてんのは、やっぱり観客を設定できたっていうことですね。観客を設定できて、あの子たちに観せるんだっていうことが具体的に見えたからだと思うんです(5)」と述べていることからも明らかである。だから、宮崎が「映画のねらい」の中で書いているように、「千尋が主人公である資格は、実は喰い尽されない力にあるといえる。決して、美少女であったり、類まれな心の持ち主だから主人公になるのではない」し、「美人とか特に才能があるとか族長の娘に生まれるとかね、空を飛べるとかそんなのがなくても、そのくらいの力をみんな持ってる(6)」のである。千尋を「等身大」の少女たらしめている要素は、他にも挙げられる。主人公千尋の「年齢設定」と「服装」である。

では、まず「年齢設定」について見ていこう。

一〇歳という年齢は、最近日本で「1／2成人式」と言って、イベント化されるようになり、注目される年齢である。そして、子育ての本などにも「10歳の壁」といったタイトルが付けられ、とくに、子どもの成長にとって大きな変化がある年齢であるとされている。そして脳も、一〇歳で大人の脳とほぼ同じようになると一般的に言われている。まだ思春期手前の微妙な時期ではあるが、身体の成長とともに脳の成長という意味でも、とても重要な年齢とされているのである。精神面でも同様で、それまで自己中心的であったものの考え方も、他者の気持ちなどが理解できるようになる年齢とされている。同時に道徳性も発達してくる頃で、「自分以外の人の立場に立てるようになり、自分と親しい人だけではなく、しだいに、第三者や集団、社会といった視点も理解できる」[7]のである。実際、国民的マンガ（そして、アニメ）の『ドラえもん』の野比のび太も、マンガでは小学四年生という設定で、ドラえもんの身長もマンガ連載当時（一九七〇年代半ば）の小学四年生の平均身長一二九・三センチメートルと設定されているほど、一〇歳という年齢は人間の成長過程において、その内面の変化が著しく、注目に値する年齢であるというのが分かる。宮崎も「十歳の子供たちには、親の影が薄くなるんですよね」[8]と、その微妙な年齢について述べている。

しかし何より、一番重要とされるのは、この作品の舞台設定「八百万の神が疲れを癒しに来るお風呂屋」においての一〇歳の少女という年齢設定である。千尋は、両親が豚にされてしまったことから湯屋の掟に従い、働き始めるが、最初にリンから渡される水干《すいかん》の衣装から見ても、その役割が容易に予想されるのである。水干とは、ハクも着ている衣装であるが[(9)]、平安時代末期に発生し、当初は一般の人の普段着だったが、のちに、元服前の少年の晴着や公家の私服として用いられた衣装である。湯屋で「千」でいる時は、この水干を着ているが、自分のアイデンティティを示す本当の名前「千尋」を取り戻した時は、Tシャツとショートパンツと、服装は、千尋（千）の自立心を示す役割を担っている。

湯屋で千尋が着ていた水干は、神社の巫女が着る衣装でもあった。巫女とは、神子《みこ》、神に仕える子、すなわち神の妻とされた。現在、神社での巫女は、「心身ともに清浄であり、未婚の女性」（神社本庁ＨＰからの引用）というのが基本的な条件であるが、古来、巫女とは、初潮を迎える前の少女が務めていたとされている。巫女には、二種類あり、東北地方のイタコのように神霊や死霊の憑依をうけて、その意思を人々に伝える口寄せ巫女と呼ばれるものと、神社で神事に奉仕をする神社巫女と呼ばれるものがある。神社巫女は、かつては神楽や湯立神事などをおこなう重要な役割を果たしていたと言われている（以降、本章で言及する巫女はこの神社巫女を示す)。そこから、湯屋では、千尋は湯女たちより下っ端の下っ端ではあるが、湯立神事のように(本来は、禊祓の意味合いが強いが)、湯屋に来た八百万の神々をもてなすという意味で巫女の役割を果たしているのであろう。千尋が巫女の役割を果たしていると考えられるのは、物語の重要なキーワードとしても挙げられる「髪留め」にもあると思われる。千尋の髪型は、長い髪を後ろでまとめた髪型、いわゆるポニーテールである。銭婆の家に着き、ハクの命と両親を救う方法を銭婆に聞くが、「お前を助けてあげたいけど、あたしにはどうすることもできないよ。この世界のきまりだからね。両親のこともボーイフレンドの竜のことも、自分でやるしかない」と言われ、どうしていいのか分からない千尋に、プレゼントされるのがキラキラした組みひものバンドである。(10) 髪留めは、巫女にとっても大切な装束の一つである。髪留めと履物は、装束の仕上げの役割があるからだ。巫女の代表的な髪留めとしては、「水引」、「丈長《たけなが》」がある。祭礼のない時の髪留めは、水引で、髪を短い和紙の筒でまとめた上から、水引で縛る。色も紅白か白である。また吉事の時、巫女は丈長と呼ばれる檀紙(こうぞで作った和紙)などの紙で作られた髪留めをつける。その髪留めの色は白、あるいは金銀か赤金であった。(11) ここからも、キラキラした髪留めが、なぜ物語の重要なアイテムとなり得るのかが分かる。それに、元来、巫女は人間と神の半々の存在だと考えられていたそうである。(12) そこから考えると、銭婆の家から湯屋に戻ってきた千尋が、湯婆婆に「この中からお前のお父さんとお母さんを見つけな」と、一〇頭の豚を目の前にして、「おばあちゃんだめ、ここにはお父さんもお母さんもいないもん」と分かってしまうのも、（河の神から与えられたニガダンゴの力もあるが）納得がいく。

次に、同じ「服装」でも、物語の最初と最後に着ていた七分袖のTシャツとショートパンツも見ておこう。特に、物語の後半、銭婆の家へと向かう千尋が、リンのタライ舟に乗せてもらっている時に、上に着ていた水干を脱いで、Tシャツとショートパンツという当初の服装に戻る。これは、湯婆婆に奪われていた名前を取り戻し、自分をきちんと自覚した事の表れである。その服装は、現代っ子らしく、スカートではなく、ショートパンツを穿いている。歴代の宮崎作品に出てくる少女で、ショートパンツ姿なのは千尋だけで、水干を含め服装によって性別を固定していない稀な存在である。物語において、多く、ヒロインという存在は、同時に女性性も体現する。セリフを発しなくても、その立ち居振る舞い、髪型、服装で、女性性が表現されるのである。しかし、千尋の場合は、見た目の女性性というものを極限までそぎ落とし、表面上は性別を感じさせず、「一〇歳」という年齢を強調させたことで、「等身大」の人間として描かれ、一層魅力が増したのではないだろうか。

たすき掛けの意味

この作品は、スタジオジブリとウォルト・ディズニー・ピクチャーズとの契約により、『もののけ姫』に続く二作目として、日本国内での公開の次の年に“Spirited Away”というタイトルで全米公開された。前作『もののけ姫』（英語名“Princess Mononoke”一九九九年・アメリカで公開）が海外では低迷したのとは異なり、数々の賞を受賞し、アカデミー賞のアニメーション部門賞をも受賞した、海外でもとても評価が高い作品となっている。映像については「ノーカットで編集なし」という条件でディズニー版が作られているので、違和感なく観る事ができるのであるが、物語の大きな、そして重要なテーマである〝成長〟に関しては、その訳と音声によって解釈が大きく違ってくるのは興味深いところである。その場面が、物語のラスト、一家の車が走り去っていくところ、ディズニーの吹き替え版では、お父さんと千尋の会話が追加されているのである。その直前の場面でも、オリジナル版では、トンネルを「なにゆえか心ひかれて呆然と見ている」(13) 千尋に対して、お父さんとお母さんが、それぞれ「ちひろいくよー」、「ちひろー、はやくしなさい！」と注意しているのに対して、ディズニー版では、お父さんのセリフが"You're not scared, are you?"（怖くないよね？）、そしてお母さんは、"Don't be afraid, honey. Everything's gonna be O.K."（怖がらなくていいのよ、何もかもうまくいくわよ）と、オリジナル版とは異なり、これからの千尋の新しい生活についての助言になっているのである。そして、ラストの場面では、オリジナル版では、セリフが一切ないところに、ディズニー版は、父と娘の会話―"A new home and a new school, it is a bit scary."（新しい家、新しい学校、ちょっと怖いよね）というお父さんの問いかけに、千尋が"I think I can handle it."（何とかやっていけると思う）というセリフを最後の最後に追加させたのである。これらセリフの追加によって、トンネルをくぐる前と後とを比べ、湯屋での奮闘が千尋をひと回り大きくし、ハッキリと声に出して「やっていける」という前向きな発言を千尋自身がしたことにより、『不思議の国のアリス』や『オズの魔法使い』を想起させ、アメリカでは「成長物語」と捉えられた。このセリフの追加のみで、前作『もののけ姫』とのアメリカでの評価の違いを生んだと考えるのは短絡的であるが、千尋の成長をハッキリと印象づけることに成功し、アメリカの観客が違和感なく納得できたのは、間違いがないだろう。

しかし、宮崎は二〇〇一年に行われたロングインタビューの中で、「この映画の千尋は成長なんかしないですよ。自分の持っている力が出てくるだけの話です[14]」と述べている。さらに作品の完成報告記者会見でも、「最近の映画から成長神話というようなものを感じるんですけど、そのほとんどは成長すればなんでもいいと思っている印象を受けるんです。だけど現実の自分を見て、お前は成長したかと言われると、自分をコントロールすることが前より少しできるようになったくらいで、僕なんかこの六十年、ただグルグル回っていただけのような気がするんです。だから成長と恋愛があれば良い映画だっていうくだらない考えを、ひっくり返したかったんですね[15]」と、成長物語である事を否定している。実際、当時の新聞広告にも正式なキャッチ・コピーの他に「生きる力を呼び醒ませ！[16]」というコピーも作られていることを考えると、この物語において、「千尋の成長」は主なテーマではないことがはっきりと分かる。

千尋は、何かを身につけて成長したのではなく、元々持っていた力が出てきたという宮崎の言葉を裏付ける場面がある。それが、「たすき掛け」の場面である。千尋が引き入れたカオナシという化け物が湯屋で大暴れしている時、ヒトガタに追われた血だらけの白い竜（ハク）に遭遇し、「どうしよう！　ハクが死んじゃう」と、湯屋のてっぺんへと急ぐ。湯屋の外壁を伝っていく千尋は、フトコロからたすきを取り出し、慣れた手つきでたすき掛けをするのである。絵コンテ集には、「もうためらわず、右手でフトコロからたすきをとり出し、はしを口にくわ

え　すばやくタスキをしはじめる」と書かれている。「たすき」と言うと、駅伝などで「たすきを繋ぐ」という意味で、走者から走者へと渡されるもの、あるいは、選挙の候補者が、名前を書いたたすきをかけている姿のほうを思い浮かべる。「たすき掛け」となると、現在ほとんど見かけることはなくなったが、着物の袖が邪魔にならないようにたくし上げるために、背中で斜め十文字に交差させて、両肩に回して結ぶものである。着物が普段着だったころは、ごく一般的なものであっただろう。千尋の場合も、「よしっ、やるぞ！」というように気合いを入れる意味もあったと思われる。そして、宮崎の言う「自分の持っている力が出てくるだけ」という別の側面から見ると、もっと深い意味が込められているのである。

オフィシャルポスターの第二弾の絵柄[18]は、作品のパンフレットと同じで、豚にされた親と、たすき掛けをする千尋の絵である。アメリカでは、豚が削除されて、真っ黒の背景にたすき掛けの千尋が真ん中にいるという絵がビデオパッケージなどに採用されている。たすき掛けをしている千尋は、作品のテーマでもある「自立」を明確に表わしている。最初はあんなにやる気のない、そして、雑巾一つも絞ることができなかった不器用な千尋が、湯屋での色んな経験を経て、内に秘めていた力を爆発させるかのように出すのが、「たすき掛け」の場面である。この場面で観客は、何もためらわず、スルスルとたすきを掛ける千尋に驚きつつも、そのキッと前を向いた表情とたすき掛けから、千尋の「もうまよわない」[19]決意を見て取るのである。成長ではなく、「自分の持っている力」を出した千尋に拍手を送るのである。

「たすき」は、千尋の決意表明の意味だけではない。「襷《たすき》」とは、もともと技芸の女神・アメノウズメ（天岩戸伝説に登場する女神。天岩戸に籠ったアマテラスを、その踊りによって誘い出した神とされる。神名を「天宇受賣命」—『古事記』、「天鈿女命」—『日本書紀』とされる。巫女の祖先とされている）[20]が掛けていたもので、その昔、多くの巫女の埴輪にもたすきが表現されている。一般に着物の袖をたくし上げるために使われる以前は、祭儀において袖が供物に触れないようにするためのものとされており、神を真心から誠意をもって祀る、清浄のシンボルとしてたすきが用いられていたのである。[21]そういったことから考えると、「たすき掛け」の場面は、ただ単に袖をたくし上げるための動作ではなく、これから起こるであろう最大の試練に向かう千尋自身の気合いであり、自己というものをきちんと自覚し、宮崎の言う「自分の持っている力が出てくる」最高の場面であり、言葉では表すことができない神聖な行為であると容易に理解できる。最初は、湯屋の外側の階段を下りるのにも四苦八苦していた千尋が、「たすき掛け」の場面では、きゅっと唇を噛みしめ、自己の力に目覚め、走り出すのである。そして、一連の騒動を制した千尋が銭婆のところへと向かう後ろ姿に、リンが「セーン！　お前のことドンクサイっていったけど、とりけすぞー」と声をかける場面で、リン同様、観客も千尋の「生きる力の覚醒」を体験する。それに対して、千尋は片手を上げ、背中で応えるのである。

「ここで働かせて下さいっ！」――働く＝生きる力

宮崎は、一〇歳の千尋を働かせた理由として、「今、地球に生きてる全ての子供たちのために映画を作るとしたら、どんな生活をおくっている子供たちが見ても納得できる映画を作りたいって。（略）実際、人間は社会的生き物ですから、基本的に社会と関わりを持たずに生きていけませんからね。働かざるを得ないんです[22]」と答えている。前述したようにディズニー版"Spirited Away"公開時に、想起させる作品として挙げられた『不思議の国のアリス』と『オズの魔法使い』と決定的に異なるのは、これら二作品のヒロインが、他の世界へ行っても、あくまでも訪問者に過ぎなかったのに対して、千尋は、湯屋で（自らの意志ではないが）契約をし、働いているという点である。

物語では、冒頭から「働く」という言葉がよく使われている。ハクが千尋に、まずボイラー室の釜爺の所へと促す場面で、「その人にここで働きたいってたのむんだ。ことわられてもねばるんだよ」と言うのを始めとして、釜爺がススワタリについて話す場面「働かなきゃな、こいつらの魔法はきえちまうんだ」。そして、千尋は湯婆婆と対峙して「ここで働かせて下さいっ！」と叫び、物語が動き出すのだ。

ここでいう「働く」とは、もちろん湯屋での労働を指している。一〇歳の少女を、それも、いわゆる客をもてなすお風呂屋で働かせるといった設定に対しては、様々な意見が出ているが、ここでは、宮崎の「働きたいというのは生きたいということなんです。ここで生きたいという」という言葉から考えたい。[23]働くことは、生きることと同義で語られることが多い。作品の宣伝文句にもあった【生きる力】は、一貫して宮崎が作品を通して送っていた強いメッセージでもある。「成長はしない。もともと持っていた生きる力が出ただけ」というのは、宮崎が観客に対して「みんなも、千尋と同じように生きる力を備えている」、だから、どんな試練でも乗り越えることができるということを伝えてくれたのではないだろうか。前作『もののけ姫』のキャッチ・コピーは、「生きろ。」であったし、二〇一三年に公開された作品『風立ちぬ』では、「生きねば。」だった。千尋は、ナウシカやシータのように世界を変えるといった大それたことはしないが、宮崎の一貫した強いメッセージを一番体現した少女なのである。

では、その生きる力をどう発揮させ、自我を覚醒させたのか。この答えが「働く」ことで見い出せるのである。働くことで、千尋は、身につけるべき力を自分に取り込んでいったのである。それが、「適応力」・「コミュニケーション力」などである。

千尋を別の側面から見てみよう。突然、湯屋という職場に放り込まれた千尋は、当然のことながら、右も左も分からない。「働きたい」とは申し出たものの、何をどうしたらいいのか分からず、パニック状態である。見るからに、「いまの子どもは働く気構えもできていないまま就職して(24)」と言われるような新社会人と何ら変わらない。しかしこの物語は、働くことで、社会性を身につけるという単純なものではない。一〇代に向けての哲学書には、「仕事は、愛と同じように、わたしたちがさまざまな人々とともにくらしていくためにもっとも大切なもののひとつで、わたしたちの人間としての価値を証明してくれるもの(25)」と説かれている。そして、「働く」という言葉が、①「うごく」という意味から、②「精神が活動する」・③「精出して仕事をする」・④「他人のために奔走する」（広辞苑・第五版）と広義であることを考えれば、社会に出る若者へ対象を絞った物語ではなく、この世に生まれてきた者すべてに向けての物語だと言っても過言ではないだろう。

要するに千尋は、湯屋で働くことで、生きる力を発揮する術《すべ》を身につけ、それにより人間としての価値を証明し、そして自分以外の者のためにも、その力を使うというプロセスを見せたヒロインなのである。そのプロセスこそが、千尋がヒロインとして存在しうる一番の理由である。このプロセスは、客としてではなく、湯屋で「働く」ことによってでしか得られないものだ。アリスやドロシーのように、訪問者として湯屋に入ったのであれば、あるいは、豚にされた両親を助けるために、戦いに挑む勇者として湯婆婆に会ったとしたら、当然その関係性は希薄になってしまう。しかし、きちんと契約書を交わし、「ここのものを三日も食べれば、ニオイはきえよう」とその世界に「働く」ことで存在し、生きる可能性を探ろうとすると、周りもそれに応えてくれる。その証拠に、「手ェ出すんなら、しまいまでやれ」（釜爺）や、「あんたね、ハイとかお世話になりますとか言えないの!?」、「あんた、カマジイにお礼いったの!? 世話になったんだろう」（リン）という注意をされている。これらの注意は、はっきり言って、特殊な能力は必要ないし、難しいことでもない。きちんと挨拶をする、お礼を言うといったことは、人間として基本的なことである。そういった人間形成の核となる基本的なコミュニケーション力を、働く、つまり社会に参加することで、千尋は身に付けていったのである。そして、最終的に、千尋は生きる力に覚醒していくのである。それは、私たちも同じことであり、宮崎からのメッセージ「大丈夫。あなたはちゃんとやっていける」(26)のだということであろう。

注

（1）『朝日新聞』朝刊　二〇〇一・一一・一四
（2）『折り返し点　1997〜2008』岩波書店　二〇〇八・七
（3）注（2）と同じ。
（4）『出発点　1979〜1996』徳間書店　一九九六・七
（5）『風の帰る場所　ナウシカから千尋までの軌跡』ロッキング・オン　二〇〇二・七
（6）注（5）と同じ。
（7）渡辺弥生『子どもの「10歳の壁」とは何か？　乗りこえるための発達心理学』光文社　二〇一一・四
（8）注（2）と同じ。
（9）『スタジオジブリ絵コンテ全集13　千と千尋の神隠し』徳間書店　二〇〇一・一〇
（10）注（9）と同じ。
（11）朱鷺田祐介『図解　巫女』新紀元社　二〇一一・四
（12）須川亜紀子『少女と魔法　ガールヒーローはいかに受容されたのか』NTT出版　二〇一三・四
（13）注（9）と同じ。
（14）『コミックボックスジュニア8月号増刊　別冊コミック・ボックス「千と千尋の神隠し」千

尋の大冒険』　ふゅーじょんぷろだくと　二〇〇一・八

(15)　注（2）と同じ。

(16)『ナウシカの「新聞広告」って見たことありますか。　ジブリの新聞広告18年史』　徳間書店スタジオジブリ事業本部　二〇〇二・七

(17)　注（9）と同じ。

(18)　注（16）と同じ。

(19)　注（9）と同じ。

(20)　注（11）と同じ。

(21)　川村邦光『ヒミコの系譜と祭祀　日本シャーマニズムの古代』　学生社　二〇〇五・四

(22)　注（2）と同じ。

(23)　注（2）と同じ。

(24)　注（2）と同じ。

(25)　ギヨーム・ル・ブラン　伏見操訳『10代の哲学さんぽ9　働くってどんなこと？　人はなぜ仕事をするの？』　岩崎書店　二〇一七・一

(26)　注（2）と同じ。

※作品シナリオからの引用は原則として、スタジオジブリ絵コンテ全集（徳間書店）に拠った。映像作品と異なる場合は、映像から文字起こししたものを引用することにした。

エッセイ　原少女たちの、リアルな夢の、かたち
——『となりのトトロ』のサツキとメイ

寺田操

絵本は子どもたちのリアル世界

一九四八（昭和二三）年二月、子どもの絵、詩、作文と、大人の現代アートのコラボレーションで紙面を飾った児童雑誌『きりん』が産声をあげた（「特集・絵本の世界」『大阪人』二〇〇五・七）。ページを開けば子どもたちの声が聞こえて来る。何ものにも拘束されない晴れやかで伸びやかな感受性とエネルギーだ。子どもたちのクリエーティブな力は、大人の想像力を触発する。『きりん』は一九七一年に終刊したが、子ども文化に蒔いた「夢の種」はその後もさまざまな場所で芽吹いていた。バブル期の一九八八年四月、東宝配給で長編アニメーション『となりのトトロ』が上映されたとき、夢の種が思い出された。昭和三〇年代の初めを時代設定とした物語は、「歩こう　歩こう　わたしはげんき　歩くの大好き　どんどん行こう　坂道　トンネル　草っぱら」（主題歌「さんぽ」作詞：中川李枝子　作・編曲：久石譲　歌：井上あずみ）の軽快なリズムとともに、遠い記憶の時間からやってきた。子どもの私が（あなたが）歩い

てきたような、不思議な感動を覚えた。

物語の水先案内人である、小学六年生のサツキと四歳のメイは、考古学者の父、草壁タツオと共に、東京郊外の水田風景、大きな楠がそびえる塚森の隣に建つ古い一軒家に引っ越してきた。母ヤス子は病気で七国山病院に入院している。のどかな田舎生活を選んだのは、母の入院先に近いからであった。田舎生活は、これまでの日常的現実とは違う風景で姉妹を迎えてくれる。目に映る全てが新鮮でみずみずしい。メイとサツキはそこで不思議な生きものであるマックロクロスケ（ススワタリ）や、トトロ（チビトトロ、中トトロ、大トトロ）、ネコバスなどと遭遇した。彼らは絵本に描かれていた妖怪（もののけ）などにどこか似ている。はじめて会った気がしない。だから怖いと感じるより好奇心のほうが勝る。無防備に呼びかけてみる。彼らとの少し怖くて心あたたまる交流は、忘れていた子どもの時代に、絵本の世界に大人たちを連れ出してくれる。絵本は子どもの感受性を触発するはじめての「社会」とはいえないだろうか。子どもの心に蒔かれた夢の種は、いつか芽をだし、若葉を育て、花を咲かせて、実がなるのだ。

ひとは大人になっていく過程でいつの間にか絵本を読んだ時間を忘れてしまうが、こころの片隅に夢の種（木の実）を入れた宝の小箱が置かれ、開かれるときを待っている。『となりのトトロ』の映像は、絵本の発するメッセージを伝えてくれた。大切な何かを落としてきたことに気づかせてくれた。ほんの少し振り返れば、子どもに戻った私たちがそこに立っている。そしてリアルな体験として、塚森に棲むトトロたちとの出会いが待っている。この世にあって、この世ではない時間と空間への小さな冒険の旅へ、案内人であるサツキと、メイの姿を追って迷い込んでみるとしよう。

晴れた青空の下、引っ越し荷物を満載したオート三輪が麦畑の道を走ってくる。都会から田園風景の中に入っていくことは、異なる時間に入ることを意味している。荷台から外を眺める子どもの目線が、カメラとなって風景を映し出す。橋、ケヤキのある街道、雑貨店、ゆっくりと走ってくるバス。お稲荷さんのある停留所、赤い鳥居、色あせたのぼり、脇道、木立に覆われた暗い道、急に視界が開ける。田植え前の水田、馬のシキワラをネコ車に積む少年、小川、橋の上から透けて見える水中の魚。切り通しをのぼると、草ぼうぼうの庭にポツリと建つ一軒家。導入部の風景描写は、物語の詩的時間に誘う仕掛けであり道標だ。この緻密な風景描写こそ、少女たちの五感を触発し、世界との交接のはじまりとなる。

塚森と水田と農家のある風景のなかに和洋折衷の昭和モダンな住宅が建つ。草壁一家が引っ越した家は典型的な昭和初期の文化住宅である。関東大震災後の東京郊外に生まれた新興住宅地では、文化住宅を建てることが流行していた。宮崎駿が心に思い描いた理想の風景がここに転写された。実際立たせたかったのは、異界への通路としてのトポスであろう。荒れ放題の庭、根元ボロボロのパゴラ、ペンキは剝げ落ち、トタンは赤錆、「お化けやしきみたい!!」「お化けに会いたい」と無邪気な少女たちは、こわれる、こわれると歓声をあげる。でんぐりがえりやクルクル回りをする庭。子どもたちが自然児に戻れるワンダーランドだ。

新しい家には、好奇心を沸き立たせる珍しいモノがある。雨戸、縁側のガラス戸、裏庭、屋根のある井戸ポンプ、勝手口を鍵で開けると、真っ黒にひしめくススワタリの大群がお出迎えだ。大慌てで散る球状のススワタリ。サツキは絵本の一節にあった「マックロクロスケ出ておいで」と大声で唱え、メイは「出ないと目玉をほじくるぞ」と、声をあわせ、リズムをとって、首をふる。子どもは奇妙な生きものを目の当たりにしても大人ほど驚かない。絵本は夢と現実が重なって体験するファンタジーなのだ。

宮崎駿は、「ぼくがどんな家に興味を持つかというと、それは『闇』みたいなものがある家ですね。

それをつくった人や住む人の、心の襞《ひだ》の奥行きが感じられるような。そういう家に出合うと、どういう人が住んでいるのか、どういう景色が家の中にあるのかを知りたくなります」(「「世の不思議」をただよわせている家がいい」)と語っていた。昭和初期に建てられた住宅の面影探訪記のイラストには、縁側の向こうの部屋に学生服が吊ってあり、その下にはトトロが座蒲団に坐っていた。庭をコの字に囲む建て増しされた茶室、おじいちゃんとトトロがくつろぐ姿もある(『トトロの住む家』増補改訂版　写真：和田久士　イラスト：宮崎駿　岩波書店　二〇一一・一)。この場所からワープすれば、楠の大樹がそびえる塚森の隣の一軒家、草壁一家が移り住み、トトロと出会う場所へと誘われる。戦後すぐに建てられた新興住宅にも同じような「闇」が、「世の不思議」をただよわせる空間があったと記憶する。それは、縁側のある暮らしだ。

ドングリは夢の種

物語が動きだすのは、ドングリを見つけた場面にある。

お父さんが雨戸を開くと、そこはもう何かありそうな気配が漂いはじめる。サツキが畳の上に見つけたのはキラリと光るドングリ。メイの前にもコロンとドングリが落ちる。次にドングリが一個落ちてきたのは、もののけが出そうな怪しく暗い階段の上からだ。屋根裏部屋へあがるとガラス戸を開いて光を入れる。すると、おびただしい数のススワタリが逃げていく。サツキは外にいる父に「お父さーん　やっぱりこの家なにかいる!」と声をかける。すると父は「お化け屋敷に住むのがお父さんの夢だったんだ」と陽気な声で応えた。子どもたちが怖がらないようにとの父としての現実的な対応だが、この家を選んだ理由は他にもあるようだ。お母さんの入院する病院に近いというだけでなく、自然と共生した家で、子どもたちにワクワクドキドキさせる体験をさせたいとの願いがあったのだろう。それは同時に、父のなかにも棲んでいる子どもと出会うことでもあったと思える。

メイはススワタリと格闘している。脇板のすき間の前に立ち止まり、指をつっこむと、爆発するように飛びだし逃げていくススワタリ。追い込むことに躍起になったメイはかなりアグレッシブである。一匹のチビススワタリが逃げ遅れて落ちて来たところをパチンと両手でとった。最後の一匹も逃さないぞという勢いだ。階段をおりて廊下を走りだすと見知らぬバアちゃんとぶつかった。メイの目には妖怪と映ったかもしれない。管理人のおとなりのおばあさんだと紹介され、サツキが挨拶してもメイの不審はぬぐえない。サツキの足やメイの手のひらが真っ黒になっているのをしげしげと見たバアちゃんは、「こりゃあススワタリが出たな」「小さい頃にはあたしにも見えたがねえ」と子どもたちの騒ぎを驚かない。「そりゃ、妖怪ですか?」と父が聞くと、「ニコニコしとればワルサはしねえし　いつの間にかいなくなっちまうよ」と事もなげに話してくれた。

引っ越しの夜は嵐になった。台所では父の不器用な包丁の音、マキで風呂を焚くために枯木をとりに庭に出たサツキに一陣の風が吹き、急速に空が暗くなる。家にすきま風が入り、あちこちがガタガタ揺れる。一家で五右衛門風呂に入ると急に風が止み、低いフクロウの鳴声にドキッとする。とつぜん、お父さんが黄金バットのように高笑いし、「みんな笑ってみな　おっかないのは　逃げちゃうから」風呂場は笑いの渦で満たされた。おなじころ、ススワタリは家から流れだして月明りの夜空に飛んでいった。バアちゃんが予言した通りになった。引っ越しの翌朝は、自転車の前にメイ、後にサツキを乗せた父が母の療養所へと向かった。メイは母のところにかけこみ膝にしがみつくのだが、サツキは無邪気に甘えられない。サツキが、子どもらしい表情になるのは母の手がサツキの髪にのび、短くした髪を母が梳きほぐす場面である。「相変らずのクセッ毛ね　わたしの子供の頃とそっくり」とほほえみ、サツキは身をゆだねながら「大きくなったら　わたしの髪も　お母さんのようになる?」とたずねる。母と娘のやさしい時間が流れ、サツキの緊張がほぐれていった。

メイとトトロが出会った大楠の洞

三度目のドングリ発見場面に移ろう。サツキは三人分のお弁当をつくり学校へ、父はメイの姿が確認できる縁側のある部屋で仕事をしている。メイは父の視野から消えて庭の探索をはじめた。遊びの時間だ。底の抜けたバケツをのぞき眼鏡にして見回すと一個のドングリを発見した。手をのばして拾うと、また一個発見。「遊戯史」を紐解くまでもなく、子どもは遊びの天才である。眼に入る外界の自然やモノを実に巧みに遊具とする能力を持ち、一人遊びに興じることができる。好奇心いっぱいで、動的で、大人には予想がつかないアクションをおこす。ドングリを拾ってはポケットに押し込んで歩くうちに塚森に近づいていく。次に発見したのは白い耳をした生きものチビトトロだ。茶の間のぬれ縁に逃げ込んだチビトトロを追いかけて、床下をのぞきこみ、座り込んで待つメイの後ろを、袋を背負った中トトロとチビトトロが逃げていく。背負っていた袋からこぼれたのがドングリだった。二匹の追跡をはじめたメイは、ススワタリを追って悩ませた捕獲者の目をしている。木の繁みのトンネルの入口にはメイの帽子が残された。異界への通路だ。追跡と逃走を繰り返しながら大楠の根元にたどり着いたが、プツリとトトロたちが消えた。

メイがのぞきこんだ大きな穴には、四度目のドングリが穴の途中でキラリと光っていた。取ろうとして大楠の根のトンネルをころげ落ちた。不思議の国のアリスがウサギの穴に落ちたように。メイはふかふかの毛におおわれた大きな生きものの棲家に落ちてしまったのだ。メイはマジマジとのぞきこみ、手をだし、鼻をつつき、目をあわせ、歯をのぞいたりと無邪気な悪戯をしている。一体何がどうなっているのか皆目「判らん」といった表情をしているのは、大きな生きものの方だ。一人と一匹が交わす表情が柔らかく、やさしく、愛らしい。メイが「あなたはだれ？」とたずねると、トトロは大きな口を開いて不明瞭な声をだしただけだ。「トトロ!!　あなたトトロっていうのね」と名前で呼びかけるメイ。寂しい心がトトロを呼びこんだのであろうか？　母の寝床にもぐりこんで眠るようにメイはトトロの上で眠り込んでしまう。トトロには不在の母が投影されている。トトロたちが棲む洞はマトリックス（母胎）なのだ。

サツキが学校から帰ってくるとメイがいない。父は仕事に夢中でお弁当も食べていない。メイの名を呼びながら捜しまわっていて、繁みの前で帽子を発見した。木のトンネルを四つん這いになって進むと、枝越しにみつけたのは小さなピンクのスカート。一瞬「死んぢゃってたらどうしよう」ためらいながらメイの顔をのぞく。母の病がサツキの心に「死」への意識を潜ませている。ゆさぶって起こすと、メイは狐につままれたような顔をして「トトロ　いたんだよ」とポツリ。サツキが「トトロって　絵本に出ていたトロルのこと？」と聞くと、「トトロって　ちゃんと　いったもん」と言い張った。メイは絵本のトロル（北欧民話の怪物）をトトロと覚えちがいしていたようだ。メイの帽子を頭にした父がやってきた。開口一番「ひみつ基地みたいだなァ」と繁みのドームを見回している。父のなかの少年性がここでも触発されたようだ。メイは父とサツキを案内してトトロに会った場所へ案内するのだが、何度繁みのトンネルを走りまわっても家の庭に戻ってしまう。「ほんとにトトロいたんだもん!!」「ウソじゃないもん!!」全身で抗議するメイに、「ウソつきだなんて思ってないよ　メイはきっと　この森の主《ヌシ》にあったんだそれは　とても　運がいいことなんだよ」となだめた父だが、「でも　いつも会えるとは　かぎらない」と謎めいた言葉でしめくくり、メイを肩の上にのせた。

「七歳までは神のうち」との言い伝えがある。迷子（神隠し）に遭うのも、トトロと最初に出会うのも四歳のメイである。小学六年（一二歳）のサツキは、メイによってトトロへと導かれていくことになる。トトロのいる場所を探して、父と娘たちが塚森の暗い階段を上り水天宮までやってきた場面にも注目したい。境内は荒れているが大楠の前には簡素な水天宮が建っている。メイとサツキは大楠の木の根をよじのぼるがトトロと出会った穴は消えていた。「また会える？　わたしも会いたい」とサツキ。父は木漏れ陽の中で並んで樹を見上げ、「昔　昔　木と人は仲良しだったんだ」、「お父さんはこの木を見て　あの家がとても気に入ったんだ　お母さんもきっと好きになるとおもってね」と話し、大楠の前で「メイがおせわになりました　これからもヨロシクおねがいします」と挨拶。メイとサツキも声を合わせ、親子で頭をさげた。子どもと同じ目線でアニミズム感覚を受け止める大人がそばにいることは幸福だ。

人間は自然と共生して生きる実存様式として神の依代を求めてきた。神が宿る樹は神聖なものとして、素朴な信仰の対象として伝承され続けている。大きな樹の前に立つと、見上げるだけでなく、手を回して樹の波動を受止めたくなる。大楠は極寒地に立ち尽くす孤独な樹ではない。生を豊饒にする力を備えた樹である。変化に富む風土の四季折々の草花を愛でる心も育んだ。植物と行事は日常化の例証であろう（湯浅浩史『植物と行事　その由来を推理する』朝日新聞社　一九九三・七）。子どもの遊びと年中行事（端午の節句、雛祭など）に草木は大きな役割を果たしている。庭で摘んだタンポポを、仕事中の父の机のへりに一つまた一つと並べていくメイの手に目を奪われた。「お父さん　お花やさんね」計六つ並び終えると、くるりと背を向けて走りさった花の精霊のようなメイ。手を伸ばしてタンポポを一つとり、ちょっと見てから仕事に戻る父の仕草と表情にもひきつけられた。

雨の夕方、トトロと出会ったサツキ

トトロとサツキが出会ったのは、バス停まで父を迎えにいった雨の夕刻である。暗くなっても父はバスから降りてこない。待ちくたびれて眠ってしまった雨合羽姿のメイを、サツキは背中におんぶする。小学六年生が四歳の妹をおんぶしたまま雨のなかに立ち尽くす姿はとても切ない。そこへ何かがそばに忍び寄る。傘の端からはのぞくと爪のある足、長い手の爪でからだをかいている。会いたかったトトロだが、とつぜん横に並ばれたら驚くものだ。サツキが「トトロ?」と声をかけると、深い息を吐くトトロ。とっさに父の傘をさしだすが、傘をどう使っていいか判らないトトロは戸惑っている。雨音だけが聞こえるバス停で、サツキとメイ、葉っぱを頭にのせたトトロが佇む静謐な光景は、時間が一瞬ストップしてしまったかのような忘れがたいシーンである。杉の葉から落ちる雨粒が傘をはじくと飛び上がって地響きをおこし咆哮したトトロ。それを合図に遠方から大きなネコバスが走ってきた。トトロは傘のお礼にと、メイの手のひらに包みを渡し、ネコバスに乗りこんで去っていった。やがて本物のバスが停留所に止まり、父が降りてきた。電車が遅れていたのだ。父さんにワーッとしがみついたサツキたちは、ネコバスとトトロの出現を興奮しながら伝えた。

トトロがくれた笹の葉で包んで竜のヒゲでしばってある包みを開けると、パラパラといろんな木の実がこぼれ落ちた。家の庭が森になったら素敵だと、木の実は庭に蒔かれた。「お父さん　あした芽がでるかな」、「そうだなぁ　トトロなら知ってるんだろうけどなァ…」そんな会話を交わした夜、蚊帳のなかで寝ているサツキは奇妙な音に目をさました。月光の下で三匹のトトロたちが、木の実を蒔いた場所で踊り飛びはねているのを目撃した。はだしのまま飛びだしたサツキとメイは、生命の芽吹きを願う儀式に加わった。傘や蕗の葉っぱをうやうやしくささげ、伸びたり縮んだり、大トトロの真似をしているうちに、土から双葉が芽生え、あちこちから発芽する音がする。木の芽の動きに合わせて屈伸していると、若木はぐんぐん伸びて密集し、幹と根は太くなり、壮大な一本の梢になった。この超スピードの成長は、かぐや姫や桃太郎などでおなじみだ。大トトロがサツキから渡された傘をさして大きな独楽の上に立ち、腹にしがみつくトトロ二匹や姉妹と共に空中高く上がる。家々の光灯や川、水田の稲の上を風となって飛び、最後に大楠の上でオカリナを吹いた。父は音はずれのオカリナの音にアレッと耳をとめるが、仕事を続けた。メイたちの夢の行動には気づいていない。目が覚めると大楠が消えていたが、苗床からは芽がのぞいていた。トトロがくれたのは夢みる種。「夢だったけど　夢じゃなかったんだ!!」。現実は夢と重なりあうものだ。

迷子になったメイを探すサツキ

トトロと姉妹がこころを通わせる最大のクライマックスは、母の病がサツキとメイに暗い影を落とす悪夢のような体験にある。母が病院から一時帰宅する日が近づいてきたある日、バアちゃんの畑で夏野菜の収穫のお手伝いに励んでいる。宝の山みたいな畑に感動しているメイ。お天道さまの日を浴びた野菜は体にいいと聞いたメイは、お母さんにトウモロコシをあげようとこころを弾ませている。同時刻、サツキたちの家に電報が届いたが留守である。イスの上にはサツキが描いた若い苗のスケッチ、テラスにはメイがチョークで描いたネコバス。異変が起きた予感が画面に漂う。

バアちゃんの孫カンタが畑に走ってきた。「レンラク　コウ」とだけ記された七国山病院からの電報だ。サツキは、母の容態に異変が起きたと思い、動転してしまう。父に知らせるためにカンタの案内で電話を借りにバアちゃんの本家に向かう。メイは収穫したばかりのトウモロコシを抱えて姉とカンタの後を追うが、二人のスピードについていけず姿を見失ってしまった。本家の電話を借りてサツキは大学の研究室にいる父に連絡する。父が病院へ問い合わせている間にも不安はぬぐえない。母の一時帰宅が延びたことを告げられたメイは地団太踏んで駄々をこねてサツキを困らせた。サツキだって泣きたい気分だ。こらえていた感情が爆発したサツキはメイに怒鳴り声をあげ、泣かせてしまった。

家に帰りつくと、メイは茶の間で、サツキは座敷で、別々の部屋でコロンと寝ている。そこへ洗濯ものをかかえて現われたバアちゃん。裏庭の洗い場で米をとぐのを手伝ってくれるバアちゃんに「お母さん　死んじゃったらどうしよう!!」と泣いてしまった。バアちゃんはサツキを抱きしめてなぐさめるが泣き止まない。「死」が母を自分たちのところから連れ去ろうとしているのではないかと抱いた不安や恐怖は、サツキがこころの内に抱えている暗い影だ。昼寝からさめて、ポンプ場でのただごとではない様子とサツキの泣き声を聞いたメイは、トウモロコシを抱えて病院へ向かった。

メイがまたいなくなった。病院までは大人の足でも三時間はかかる。メイの姿を捜してかけめぐるサツキに、自転車で追いついたカンタは、池でサンダルが見つかったと伝える。メイの「死」が脳裏をよぎる。池まで走っていったサツキは、バアちゃんの手のひらの中の小さなサンダルをみつめた。サンダルは……メイのではなかった。じゃあメイは何処へ消えたのか。追いつめられたサツキが見上げた塚森、そうだ、トトロだ。アクションを起こしたサツキは、トトロにメイを捜してと頼みに走った。メイがもぐりこんだ繁みから木のトンネルを抜け、木の根の穴から滑り落ちればトトロがいる。空中から落下したサツキは、トトロの腹のうえに着地し、顔をおおって泣き出してしまった。起き上がったトトロがサツキを胸元に抱え込んだまま大楠のてっぺんに駆け上がって咆哮した。突風のように駆けてきたネコバスにサツキを乗り込ませて見送るトトロ。稲田、土手道ではメイを捜している村の人々。雑木林、林、暮れなずむ里、民家の灯、谷あいの畑、丘、村はずれの茶店、高圧線の上をスピードアップして走るネコバス。野道の六地蔵のかたわらで膝にトウモロコシを置いて茫然としているメイを発見。トウモロコシを母に届けたかったメイとサツキを乗せたネコバスが、夕空の中を病院まで全速力で走っていく。ネコバスの行き先が、「塚森」→「めい」→「七国山病院」と変わっていくことに注目。

病室では、風邪で帰宅が遅れただけなのに、病院が電報を打ったので、子どもたちを心配させてしまい可哀想なことをしたと父に話している母の姿。窓越しに病室を見下ろす松の木の上から、二人を見守るネコバスとサツキとメイ。父母は窓外の音に気がつく。台の上に置かれたトウモロコシ。「いま　そこの松の木でサツキとメイが笑ったように見えたの」と母、「案外そうかもしれないホラ」と、父さんが見せたトウモロコシには「おかあさんへ」と爪でひっかいた文字が浮かんだ。窓の内と外は、夢の内と外である。子どもたちの夢の体験を大人たちは気配でしか感じ取ることができないが、母へ届けた「トウモロコシ」は、「夢だったけど　夢じゃなかった」体験の確かな徴である。

トトロと姉妹の出会いには、ファンタジーの象徴あるいはモチーフとしていくつもの布石が敷かれている。木のトンネル、神樹の大楠、根の下の洞穴。いずれも生と死の往還の通路、自然界と人間とを繋ぐ境界である。トトロが出現する出入り口には、夢の種としてのドングリやメイの帽子が置かれ、絵本、母への手紙は、夢と現実を繋ぐ架け橋となる。少女たちの心模様は、朝陽、夕焼け、嵐、雨などの自然界に象徴されている。

原少女たち

『となりのトトロ』が公開された一九八八年前後は、少女論が盛んだった。なかでも際立っていたのは、本田和子『少女浮遊』（青土社　一九八六・三）だ。高野文子の漫画、伊勢の斎宮、かぐや姫、八百屋お七、求塚の菟原処女《うなひおとめ》、風の谷のナウシカ、自殺した一〇代の少女タレントなど、古今東西の文学、芸術、民話のなかから、既成秩序の外へと逸脱していく少女たちを「浮遊」する存在と映しだした。「をとめ」とは、「童女から成女へと移行しつつある過渡的な存在であるにまして、間《あわい》に浮遊するもの」、「実体ではなく、原理としての『少女』は、時を超える」と考察された。産むこと、成熟することを拒む少女像は、しかし、どこか痛ましさを伴い、死へと導かれることもある。断るまでもないが、生身の少女と芸術文化で描かれた少女とは同一ではない。また、生身の少女を実写的に描いてもリアルに伝わるとは限らないのだが、表象文化的に捉えられた少女、虚構のなかの少女の方がリアルに思えるのも真実にちがいない。なぜならば、虚構のなかの少女は、生身の少女の深層心理や隠れている分裂心理を汲み上げて表出されるからだ。

少女論の多くが精神論や表象文化的なイメージでとらえられがちだが、サツキとメイはここには位置づけられない。産むこと、成熟することを拒む少女でもない。自然界の生きものたちと交信できる少女たちだが、少しずつ大人になっていくのだ。子どもとしての時間と戯れるピュアで悪戯好きな部分がクローズアップされる四歳のメイは、夢の種を抱えて時には暴走する。小学生のサツキは「夢みる少女」だが、少しばかり世間という目を意識せざるをえない立ち位置にいる。母の病、妹の世話、洗濯、炊事、掃除などと、まるごと子どもであった生活が一変し、大人の体験を余儀なくされている。授業が終われば友だちと夕方まで遊び呆けるわけにはいかない。妹メイが待っている。けれどわずか四歳のメイには姉サツキが抱えている事情は理解できない。まだ幼い童だ。野山を駆け回る同級生だって田畑の手伝いがある。父母が畑にでている間、幼い弟妹の世話をしなければならない。サツキが学校に行っている時間、預けられた隣家でおとなしくしておれないメイを、バアちゃんが学校に連れていったとき、教室に受け入れてもらえたのは、似たような田舎の家庭事情があるからだろう。

『となりのトトロ』と同じ昭和三〇年代、黒田三郎詩集『小さなユリと』(昭森社 一九六〇・五)から、都心でサラリーマン生活をする父と四歳の娘ユリの物語を紹介したい。妻はサツキとメイの母のように病気で入院している。父は三年保育にユリを預けにいくため会社を遅刻する。夕方まで近所の小母さんの家で過ごしたユリを勤め帰りに引き取りアパートの一室に帰る。幼稚園に送っていったが、娘が父を追いかけて泣くため仕事を休むはめになる。ユリが寝入るのを待って夜更けの居酒屋へ走り、酔っぱらって帰り…、衣類を洗い、病院へ妻の面会に行き…父は孤軍奮闘している。

夕飯の仕度をしている場面では、本を読んでとせがまれ、赤い鶴を折る相手をさせられ、《オシッコデルノー　オトーチャマ》と訴えてくる娘ユリに、だんだん父は不機嫌になる。フライパンをゆすりながらウィスキーをがぶりひと口。癇癪もちの親爺が怒鳴ると、癇癪もちの娘が《ヨッパライグズ　ジジイ》と、やりかえす。親爺が怒って娘のお尻を叩き泣かせてしまう。《それから／やがて／しずかで美しい時間が／やってくる／親爺は素直にやさしくなる／小さなユリも素直にやさしくなる／食卓に向い合ってふたり坐る》(「夕方の三十分」)

半日他人の家で暮らしたので、小さなユリは我儘になる。ユリにサツキのような姉がいたら詩の情景は変わる。逆に、メイに姉サツキがいなくて、父との二人暮らしだとしたらアニメ映画の情景は変わる。サツキとメイと父が暮らす家、トトロのいる森、田園風景、バス道の続く町の向こうには、サラリーマンの父と小さなユリが住む家がある。

宮崎駿はメイとサツキをグリム童話のようなダークな場所に連れ出しはしない。そこで少女たちが耀くわけはないからである。不思議な感覚を持つ少女、異能を持つ少女、救世主的な少女、風変わり、ロリータ的、生きがたい魂、イノセンスであるがゆえの残酷さ…といった少女像からも遠い場所にメイとサツキを佇ませる。劇的なドラマがあるわけではない作品だが、子ども世界は狭いようでも実は広くて深い宇宙があり、大人とは世界の見え方がまるで違うことが暗示されている。また、社会文化的に構築されたジェンダーテキストの「少女論」や「少女的」な言説の網の目から、するりとくぐり抜けたところに少女たちがいきいきと描かれている。絵本が世代を超えて読み継がれるように、「原少女」たちの目に映る世界のリアルさと夢のかたちは世代を超えて生き続ける。

※セリフ出典＝『となりのトトロ』（スタジオジブリ絵コンテ全集3　徳間書店　二〇〇一・六）を使いました。セリフの表記は絵コンテでは統一されていませんが、原文のままで。ただし、読点は抜いて「空白」としています。

V　少女と老婆の往還 ――『ハウルの動く城』のソフィー

辻本千鶴

映画と原作　『ハウルの動く城』

『ハウルの動く城』（二〇〇四年一一月公開）はスタジオジブリが制作した一三本目の長編アニメーション映画である。『千と千尋の神隠し』（原作・脚本・監督　宮崎駿、二〇〇一年七月公開）の成功を受け、二〇〇四年の完成を目されて本作について、宮崎駿は次のように語っている。「これから三年のあいだに」、「子どもたちもより深刻な問題を抱えるようになる。それに拮抗しようと思ったら、これまで以上に根源的なものを摑み取った映画を作るしかない[1]」。

子どもたちの未来に希望と明るさを信じようとするとき、地球環境そのものに危機感を抱かざるを得ず、世界はあまりにも混沌としている。そのようななかで、アニメーション作家としての宮崎の発言には、終始一貫して、育ちゆく子どもたちにメッセージを発するという使命感がうかがえる。

たとえ惨劇が展開されていても、その背後の世界を美しく描くことこそ、私達のなすべきものでした。（略）画面の奥のずっとむこうの見えない所や画面の枠からきれた左や右の奥にもこの世界が続いていて、太陽がかがやき、いきもの達や草木や人々が生きていることのほうが大切でした。(2)

この言葉からは、ソフィーとマルクルがカブと共に洗濯物を干す星の湖の絶景や、ハウルが魔法の力を使って育てている一面の花畑が想起される。城の壁にある円盤の色分けに従って、その地への通路が開かれる。戦争が渦巻く街や荒涼とした荒れ地を離れて、そこに赴くことができるのである。現実の背後になにかしら美しいものを信じようとする宮崎の願いが、読み取れるところである。

この映画の原作は、ダイアナ・ウィン・ジョーンズの『魔法使いハウルと火の悪魔』[3]である。オックスフォード大学で『指輪物語』のトールキンの教えを受けたジョーンズは、英国ファンタジー小説を代表する作家である。原作からの改変に適宜、〈　〉でくって触れながら、宮崎版『ハウルの動く城』のストーリーを紹介しよう。

ソフィー・ハッターは父が残した帽子屋で、帽子作りに日を送っている。街が祝祭に湧く日、菓子店で働く美人で人気者の妹・レティーに会いに出掛けたソフィーは、兵士たちにからかわれているところを美青年に助けられる。それに目をつけられたのか、荒れ地の魔女の呪いによって、老婆に変えられたソフィー。家を出て、カカシに導かれてハウルの城に辿り着く。城は四方を取り散らかしたままに荒れ果てていて、魔法使いのハウル、弟子のマルクル、火の悪魔カルシファーが住んでいた。カルシファーはハウルとの秘密の契約によって暖炉に縛り付けられ、城を動かす動力も提供していた。この城の主で若い娘の心臓を捕ると噂されていたハウルは、あの日の美青年であった。ソフィーはこの城に掃除婦として住み込むことになる。

〈原作ではソフィーが三姉妹の長女であることの意味は大きい。お伽噺に馴染んだソフィーは、幸運を摑むのは末の妹であり、自分は何をやっても巧くいかない役回りだと思い込んでいる。父亡き後、継母が決めた三姉妹の将来設計に、ソフィーは唯々諾々と従っていた。しかし、

二人の妹たちは、にわか仕込みの魔法を用いて入れ替わり、それぞれに自分の人生を切り拓こうとしていた。〉

城は四カ所に通じる仕組みになっており、ハウルは、港町ではジェンキンス、キングズベリーではペンドラゴンの異名を用いていた。そのどちらにも戦火が迫り、町長や王の使者が、ハウルに戦争への協力を求めて訪れる。ハウルは返答を回避し、また荒れ地の魔女からも逃れようとしていた。〈原作には、「ハウルはつかみどころがないうえに、どんな質問にも答えるのがいやなよう」だ、「とにかくしばられるのが嫌い」だとある。そのようなハウルを、ソフィーは「逃げまわるウナギみたい」、「なんというぬるぬるウナギ」(『魔法使いハウルと火の悪魔』)と評している。〉ハウルに頼まれたソフィーは、ハウルの母親を名乗って王宮に赴き、ハウルの魔法の師で、今は王宮付き魔法使いになっているサリマンに会い、彼が招聘《しょうへい》に応じないと伝えることになった。王宮へは、荒れ地の魔女も呼び出されていて、同行する仕儀となる。ここで、荒れ地の魔女はサリマンの罠により、魔力を取り上げられ、無力な老婆と化す。一方、ソフィーは、サリマンに臆することなくハウルの考えを宣言し、王に変身して様子を見に来たハウルと共に王宮から脱出する。

王の招聘を断ったハウルに、サリマンの追手は迫って来る。その眼を眩ませたいハウルは、城の引っ越しをする。王宮から脱出する混乱に紛れて、新たに「家族」となった荒れ地の魔女やサリマンの使い犬・ヒンも一緒だった。引っ越し先はソフィーの生家の帽子屋であった。新しい円盤の色分けによって通じるようになった一面の花畑に、ハウルはソフィーを案内する。そこには、ハウルが少年時代に過ごした小さな小屋もあった。〈原作には、ハウルの家族が登場する。姉ミーガン、その夫と子供たちである。しかし、その家族たちのなかで、ハウルに親愛を示すのは幼い姪だけである。ミーガンは、大学で立派な教育を受けながら、きちんとした職に就かないという理由もあって、ハウルに批判的であった。このような人物関係をすっきりと削除し、それに替わるものとして映画では、魔法使いの叔父が残した家で、ひとりで暮らした少年時代に言及することにより、ハウルの孤独が浮き彫りにされている。〉

戦場は拡大し、引っ越し先の街も空襲を受けるようになった。「ようやく守らなければならない者ができた」(4) ハウルは、戦闘を阻止するべく戦場に向かう。戦場は拡大の一途を辿り、単身その阻止を意図したハウルは、怪鳥の姿を曝しつつ、飛行戦艦や奇怪な虫の姿の乗組員らと戦うが、瀕死の深手を負って戻って来る。その間に契約の秘密を解いたソフィーは、荒れ地の魔女から取り戻した心臓をハウルの身体に戻し、カルシファーを自由な空に解き放つ。しかし、板切れ一枚になってもなお動いていた「城」は、カルシファーの魔力を失って崖を滑落。その窮地を救ったのは、カカシのカブであった。一本しかない足を犠牲にして一行を救ったカブは、ソフィーの感謝のキスを受けて呪いを解かれ、隣国の王子というもとの姿を取り戻す。

国に帰った隣国の王子も、ハウルたちの顚末を知ったサリマンも、戦争終結に向けて動き、おそらく平和の日は近い。心臓（心）を取り戻したハウルは、空を飛ぶようになった新しい城に、ソフィーたちを乗せて旅立って行く。

変貌する城と人物たち

後の詳述を期して触れなかったが、以上に述べた物語の進行中、ソフィーは一貫して老婆の姿であり続けるわけではない。眠っている時、夢のなかでハウルに愛を告げる時、サリマンの前でハウルを擁護する時など、ソフィーは少女の姿を取り戻す。いわば少女と老婆を往還するのが、作中のソフィーである。また、原作との相違を言うなら、映画ではタイトルに冠したことからもうかがえるように、城自体にも主人公のような重要性を付与されていることが特記される。「黒い煙が黒い胸壁の中から吹きあげ、（略）城は大きく、あちこちが尖っていて、どっしりとして醜く、まさに不吉を絵に描いたようでした」(5)と原作に記される城は、宮崎アニメでは冒頭から、その奇怪にしてどこかしらユーモラスな姿で、圧倒的な存在感を放つ。原作の「石炭のような黒く大きな石、しかも、形も大きさもまちまちな物でできている」(6)というイメージを踏まえて、ハウルの城はいくつもの砲台やプロペラを持ちながらも、正面から見れば大きな舌を覗かせる口もとを有する、鳥（あるいは虫）のようでもある。この生き物のような城が、カヤックに突入されて打撃を受け、カルシファーを外に出すにつれて崩れ去り、板切れ一枚の無残な姿になり果てても、ニワトリのそれのような四本の脚を動かし続け、ついには地上を動くだけでなく、空を飛ぶこともできる城として再生する。この力強さは、登場人物たちの、いずれも仮初《かりそめ》ならぬ自己像の変容と再生とに共鳴する。

さて、宮崎駿が描いた少女たちを論じる本書の文脈においては、ソフィーの老婆と少女の往還がテーマとなろう。映画でも原作でもソフィーの実年齢は明示されていないが、映画の宣伝や論評では「一八歳」とされている。老婆の方は、継母のファニーが「九〇歳のおばあちゃんのよう」に見える（映画ではファニーがそんな声に聞えると言う設定）というのを踏襲して「九〇歳の老婆」になったと見るのが妥当であろう。ソフィーは何故老婆になったのか。老婆になったソフィーは人生や自分自身をどのように捉え直したのか。そして、その地点から、どのように人生を再構築していったのだろうか。この問題は、もうひとりの主人公・ハウルとの関係性によって、読み解いていかれるものであろう。この問題を考えるとき、ソフィーのみならずハウルもまた、作中で変貌していく人物であることは見逃せない。

少女と老婆の往還

老婆に変えられたと分かり驚き怖れはしても、意外なほどに、ソフィーには強い失望感に見舞われている様子がない。室内と中庭をあたふたと無目的に行き来してはいる。鏡の中に深い皺が刻まれた顔を見出して、「ほんとに私なの」と当惑してはいる。だが、彼女は「大丈夫よ、おばあちゃん。あなた元気そうだし、服も前より似合ってるわ」と鏡の中の自分に言う。これがソフィー自らに呪いをかけた、あるいは魔力を用いた場面であろう。上島春彦はこの場面をさして、「この瞬間、少女は老婆たる外見の自分を受け入れることで、逆に少女のような自由奔放さを獲得する」(7)と指摘している。ソフィーは所与の運命であった筈の帽子屋を出て、「年寄りのいいところ」を存分に生かして、身体をきしませながら、杖をつきながらも歩み始めるのである。

これはなぜであろうか。おそらくもう若い娘ではなくなったことが、ある種の解放、自身への気楽さとして働いているのではなかろうか。若さとは、それだけで特権であり得るが、同時に重荷でもある。不定形の将来を、才気や美貌か、あるいは地道な努力によって、切り拓かねばならない重荷がある。一足飛びに老いてしまったなら、自分は美しくないと思い込んでいた少女は、もう周囲の視線を気に掛ける必要もない。ソフィーの老婆への変貌を、作画監督の山下明彦は「姿がおばあさんになった少女」ではなく、「おばあさんになった時のソフィー」(8)なのだと明快に説明している。老婆の姿になったソフィーには、自意識への拘泥という青春の病からの解放がもたらされた。変化に動じない落ち着きや、周囲との駆け引きも身につけている。だが、ソフィーが、老婆になりきってしまっているのでもなく、少女であった自分（少女であり続ける自分）をしっかりと記憶していることは重要である。だからこそ彼女は、老婆になった自分への観察眼を手に入れてもいるのである。

映画のなかでのソフィーが、一貫して老婆の姿でいるのではないと先に触れた。たとえば眠っている間は、寝姿が少女に戻っているのである。意識が後退したときに少女の姿を取り戻すことの、これは見易い証左であろう。ソフィーを老婆に縛り付けているのは、確かに荒れ地の魔女の呪いではあるが、ソフィー自身の自意識もその助長に有効に働いているのである。

ソフィーの老いが彼女に幸いしていることは他にも指摘できる。上島春彦は、『千と千尋の神隠し』の千尋が名を変えなければお湯屋で働けなかったように、「動く城もまたこのような契約やあるいは呪文に拘束された者に特権的な場所であるらしい」と解説する。動く城には、「ソフィーが少女の外見でいる間は出会うことなく、老婆の姿というバイアスを経ることが必要とされた」(9)のである。いわばソフィーにとっては、老いた外見が城への入場証なのである。これは城との間にとどまらず、ハウルとの関わりにおいても同様であろう。冒頭近くの印象的な空中歩行のシーンで、少女のソフィーが、白皙の美青年の優雅な振る舞いに惹かれていることは、直後に妹のレティーと話しながら上の空であることからも知れる。だが、この少女は、自らを美しくないと思い込んでいるがゆえに、たとえ再度の出会いがハウルとの間にあったとしても、相手の美貌に物怖じして、素直には近づけないことも また、想像に難くない。そして、それをソフィーの自意識において捉え直すなら、「美しくない」(女は美しくあってこそ、愛される)という固定観念が元凶なのである。

老婆になった(この文脈では、なり得たと言ってもよい)ソフィーは、掃除婦として住み込んでハウルたちと暮らすなかで、少女の姿に戻る揺らぎを見せる。ふたつの印象的な場面を検討することにしよう。

ひとつは、サリマンと面会する場面である。次節で述べるように、この物語は、老婆になった少女が、サリマンと荒れ地の魔女というふたりの老女から、ハウルとその自由を奪還する物語としても読める。サリマンはハウルの魔法の師であり、ハウルも終始一貫して彼女への敬意を崩さない。サリマンがハウルに望むことは、自分の後継者として国家の中枢で魔法を駆使することである。切迫する戦況が必要性を高め、恐らくはサリマン自身の老いが、その望みに拍車をかけている。サリマンが用いている車椅子に、身体の動きの不如意という老いの印を見ることもできよう。「悪魔に心を奪われ、私のもとを去」ったハウルは「魔法を自分のためだけに使うようになった」と言うサリマンに、ハウルの母と称して面会したソフィーは、次のように言い募る。「ハウルに心がないですって！　確かに我儘で臆病で、何を考えているか判らないわ。でもあの人はまっすぐよ。自由に生きたいだけ」、「ハウルは来ません。魔王にもなりません。悪魔とのことはきっと自分でなんとかします。私はそう信じます」。立派な弁舌である。王宮という庶民の暮らしとかけ離れた場所に初めてやって来て、多くの小姓にかしずかれる上品な老婦人を前にし、これだけのことを言い放つのである。言いながらソフィーは、少女の姿に戻っていた。これは彼女が熱中の余り、自意識に拘泥するちっぽけな自分をすら忘れ果てたということであろう。ハウルを愛し、ハウルのために尽くすとき、みずみずしい少女がソフィーのもとに戻って来る。この後ソフィーは、魔女の慧眼《けいがん》を以て本当の姿を見抜いているサリマンに、「お母さま……ハウルに恋してるのね」と言われると、忽ち老婆の姿になる。ソフィーの思い込みにおいては「綺麗」でない自分は愛される筈がなく、「ハウルに恋してる」と認めることはおそろしい。そこからの逃避、あるいは自己韜晦を求めて、ソフィーは老婆の外見をまとう。

次は、当のハウルとの場面である。城の引っ越しののち、子供時代の隠れ家に案内されたソフィーは、一面の花畑をハウルに手を取られて歩みつつ、少女の姿になっている。「私きれいでもないし、掃除位しか出来ないから」「力になりたいの」と自分を卑下するソフィーに、ハウルが「ソフィー、ソフィーは綺麗だよ」と告げると、ソフィーは瞬く間に老婆になっていく（老婆のソフィーが、城の掃除婦を買って出たことは象徴的である。身辺を美しく整えるという心持ちの麗しさを、単なる外見を上回るその美質として表現しているようである）。ハウルの眼の前で老婆に戻ったソフィーは、「まあ、年寄りのいいところは、失くすものが少ないことね」と言っている。ここでも、「ソフィーは綺麗」というハウルの言葉に、正面から向き合わずにすむ逃げ道を、老いの姿がもたらしているのである。

「この変身が明滅するシーンは、娘～老婆に重ねて、『きれい』～『きれいではない』のあいだを揺れ動くソフィの心の運動をかいま見せている」とする日下部正哉は、ハウルがソフィーを「きれい」と言うのは、「彼が娘~老婆という二重性もろともソフィを見つめていることの証左[10]」と指摘する。ハウルが後に、カカシのカブや荒れ地の魔女を含めての「わが家族」を、「ややこしい者ばかり」と言う時、自縄自縛によってこの「二重性」を生きているソフィーを、先ず第一に数えていたに違いない。

このように、ハウルのソフィーへの愛は、深まっている。サリマンに、「母を連れて帰ります」と言った時に、もうそれはたじろがないものになっていた。髪を金髪に染めて、その染め色にことのほか拘っていたハウルだが、この場面前後のハウルは「自前の黒髪」で、それは結末部まで変わらない。「美青年に変わりはないが、出会ったときのはではでしい印象や自信満々の態度がしだいに内省的なニュアンスを帯びている」とする日下部は、ハウルの変化は「使命感のせいも」あるが、「つまるところソフィによるもの[11]」と捉えている。

ハウルが心臓を取り戻し（「心臓」に「心」の比喩を読むならば、「心」をカルシファーに預けたハウルに精神的成長はなく、ガラクタを山と積み上げた部屋も、色とりどりに取り散らかった浴室も、少年のままの粗雑・未熟を表していると言える）、意識を回復した時のソフィーとのやり取りは、ようやく相互に結び付いた気持ちを語っている。

カルシファーの動力として、自身のお下げ髪を与えたソフィーの髪は、肩につかない長さでほどけていた（城の動力として自分の一部を与える、それは自己犠牲的な振る舞いの証拠でもある）。涼やかな顔立も艶やかな肌も、きびきびした動作も少女に戻っているなかで、髪色は老婆であったことの名残りをとどめ、銀色に輝いている。ハウルはそれをみとめて、「ソフィーの髪の毛、星の色に染まっているね。綺麗だよ」と言う。先に検討した場面とは異なり、もうソフィーは、老婆の姿形に逃げ込むことはない。むしろ「ハウル、大好き！」の言葉とともに、その胸に飛び込むのであった。

この先、ソフィーは、次第にもとの赤錆色の髪を取り戻していくのだろうか。いや、そうではあるまい。ハウルや「家族」たちとの相互的信頼関係を信じ、彼らのなかで絆の結節点としての自己肯定感を持ち続けるであろうソフィーは、老婆に戻ることもないと同時に、元の少女に戻ることもない。ソフィーの銀髪を「元に戻ること以上のなにかを、そのときソフィは刻印されたのだ」(12)と日下部正哉も語るとおりである。

そもそも、ハウルは髪の色に異様な執着を示す人物であった。ソフィーが掃除の際に、染色に使う瓶の順序を入れ替えてしまったためか、思った通りの色にならなかったというだけで、全身から緑色のネバネバを出して不機嫌に凝り固まったのだった。〈原作では「ウナギのゼリー寄せみたい」(13)だとユーモラスに表現されている。〉あの場面を思い起こすなら、他でもない髪の色を「綺麗」と見るのは、最高の賛辞であろう。

ラストシーン、空飛ぶ城のベランダで軽いキスを交わす際、ハウルの髪は黒く、ソフィーは、これまでの麦わら帽子ではなく、つばひろの白い帽子を被っている。その帽子から覗かれる髪は、星の色の輝きを留めている。

二人の老女とソフィー

現代の日本・現在の世界への批評的に熱い眼差しを抜きにしては、宮崎アニメは語れない。映画のなかでの老人への関心も、高齢化社会を迎えた今日の日本への批評精神を内在させているものと言える。既に想像のつくことと思われるが、荒れ地の魔女が魔力を奪われてよぼよぼの老女になり、ソフィーから食事の世話やトイレの気遣いを受けるという展開は映画での改変である。宮崎駿の言う「戦禍の恋」を「一種のホームドラマ」[14]として掬い上げようとすれば、老いた人の生の受け皿としての家族の問題にも、触れざるを得ないのである。

ここで、『ハウルの動く城』を、老婆になった少女・ソフィーが、サリマンと荒れ地の魔女というふたりの老女からハウルの自由を奪還する物語として読み直してみよう。

サリマンについては、先にも少し触れた。魔法の師として、いわばハウルの育ての親とも言える。だがこの「母」は、ハウルが望まぬ栄達（魔力を用いて国家権力の中枢に関わること）を期待する。自由を欲するハウルはソフィーに「母」を名乗らせて、「息子は来ない」と伝えるべく、サリマンのもとにソフィーを送り込む。ここで、ハウルが「母」なるものに求める属性が、利己的な期待を離れて、子の本来の欲求を理解し、受容することと知れる。ハウルの弱点（「我儘で臆病で……」）も承知したうえで、「自由に生きたい」意思を代弁してくれるソフィーは、ここでハウルに選び直された「母」と言える。彼を国家権力への忠誠という世俗的にして強力なしがらみに結び直そうとした育ての親・サリマンは、「先生とは戦いたくありません。母を連れて帰ります」と言うハウルに心理的にも取り残されることになる。しかし、彼女がそれを致し方なく受け止め、強い悪意や憤りを抱いてはいないことは、ふたりを見送ってからの穏やかな微笑や、「随分若いお母様だったこと」、「久しぶりにワクワクしたわ」という台詞からもうかがえる。子は育つべきもの、育った子は自分の足で歩むものだと、この老女は心根の深い所では分かっているのである。

さて、荒れ地の魔女について述べる時が来た。荒れ地の魔女は、豊満に過ぎる肉体を、黒いロングドレスで包み、黒い毛皮のショールと、同じ毛皮を鍔《つば》に配した黒の帽子を冠っている。真紅のルージュ、エメラルド色のアイシャドーを用いた厚化粧、赤いイヤリングとネックレスで装っている。特徴的なのは、たるんだ贅肉が幾重にもだぶついた首元であろうか。これは魔女の欲望の強さを表象すると言える。魔女の限度を超えて強すぎる欲望は、彼女自身の命と肉体への飽くなき執着であろう。この点がサリマンとの違いであり、サリマンが自分の磨き上げた技能の継承を望んだのに対し、荒れ地の魔女が望むのは、命永らえること、そのものなのである。

冒頭近くの街の噂からも、彼女が邪悪な存在として人々におそれられていることは知れる。呪いによってソフィーを九〇歳の老婆にするのは、ソフィーの若さへの嫉妬によるのであろう。ソフィーがハウルに手を取られて空中を踊るように歩いていたことを、魔女は見知っていたかも知れないが、それは副次的なことであろう。「古い強力な魔法」を込めて、ソフィーに託されたハウルへのメッセージは、「汝流れ星を捉えし者、心なき男、お前の心臓は私のものだ」であった。街の噂にある、若い娘の心臓をハウルが奪うということは、おそらくは荒れ地の魔女と混同されており、魔女は若い男の心臓を奪い取って若返っているのであろう。魔女は、現在の若さを保つことに執着し、それゆえハウルを追い求める。人は命あるもの、命は不滅ではなく、若さの先には衰えも病も死もあるのだということを、荒れ地の魔女は受け入れずにいるのである。この有様に、アンチエイジング流行りの昨今の風潮への揶揄を読むことも可能であろう。

荒れ地の魔女とソフィーの関わりを読もうとする時、重要な転回点になるのが、王宮の階段を上る場面であろう。この場面の検証を通して、魔女とソフィー、ふたりの老女を見ておきたい。

宮崎アニメの魅力のひとつが、空中移動の場面であることは夙《つと》に指摘されている。『ハウルの動く城』においても、ソフィーがハウルに、あるいは手を取られて、あるいは肩を抱かれて、空中を水平に移動する場面は、観客の目を引かずにはおかない。そして、垂直移動。『天空の城ラピュタ』（一九八六年）では、冒頭近くの場面で、空中から肢体を水平に保ったまま落下してくるシータを、パズーは地上で受け止める。たっぷりと時間をかけて映し出されるこのシーンは、青いドレスを身につけた美少女の容貌とともに、幻想的かつ美的な場面として観客の目を愉しませてくれる。『借りぐらしのアリエッティ』（二〇一〇年）では、アリエッティが父に連れられて初めてのカリ（人間のものを「借り」るために「狩り」に行く）に出る場面。床下に暮らす小さな存在である彼らは、人間界の台所で（この日、母に頼まれたのは砂糖を持ち帰ることであった）テーブルの上から垂らした糸を伝って、床から一気に駆け上がる。実にスピード感のある、垂直移動の場面と言える。さらに、『千と千尋の神隠し』（二〇〇一年）では、龍の姿になったハクは、湯屋の側面の壁を、下から上へ、まっすぐに駆け上がる。ここに、垂直移動のバリエーションとして、湯屋の地下のボイラー室に向けて、斜めにどこまでもどこまでも、と見える距離をかけ降りる千尋を加えることも許されるだろう。これらの映像的魅力に替わるものが、「ハウルの動く城」の王宮、階段を上る場面である。階段ではあるが、果てしなく見える高さであり、観客には垂直に見えている。これをふたりの老女がゆっくり上る姿は、前記他作品のようなダイナミックな映像や美的シーンは期待できそうにない。それなのに、この場面に引き付けられるのは、ふたりとも上れるのかという一種のスリル感による。

この日のソフィーはハウルの母・ペンドラゴン夫人を名乗って、サリマンに面会に来た。荒れ地の魔女もサリマンに呼び出されて来た。自分の魔力をサリマン（やその背後の国家）が必要としているのだと、「荒れ地でこの日が来るのを五〇年も待っていた」のだと魔女は言う（サリマンとはかねてから敵対関係にあることは、魔女の言葉の端々から知れる）。起死回生と言おうか、周辺に追いやられた者が、権力の中枢に取り入る好機をおおいに歓迎していることが分かる。だからこそ、サリマンの魔法で従者のゴム人間を失い、車を降りて歩くことになっても、彼女はそれを辞さない。九〇歳のソフィーと、恐らくは一〇〇歳をとうに超えている（何百歳かも知れない）魔女ならば、前者が優位であることは疑えない。だが、階段を上り始めたソフィーは、ついて来た犬が上りかねているのを見て、引き返して抱いて上るのである。「重い！」と言いながら（これでハンディは解消されたと言える）。犬を抱いたソフィーも、実に辛そうに見えるが、荒れ地の魔女はさらに苦しそうである。大きく揺れる全身、乱れる足元、噴き出す汗、荒い息遣い、……老いた肉体による、体力の極限への挑戦を見るようで、この場面はスリリングである。

ソフィーは、階段を上りながら、振り返って「あんた、今日はやめときな、無理だよ」と魔女を労わる。なんとしても上ろうとする魔女に「じゃあ、がんばりな。手を貸すほど私は親切じゃないんでね」と突き放す。そもそも「今度会ったらただじゃ置かない」と言うほど（もっともソフィーにその力はないのだが）、恨んでいた魔女に対して、ソフィーはさりげなく思いやりもし、それでいてお人好し過ぎない。この辺りの按配は絶妙である。これは、九〇歳のソフィーにして身についた人との距離の取り方ではないか。少女であった頃のソフィーは、帽子屋に入って来た魔女を、接点のない人物と見るや否や、「どうぞお引き取り下さい」と冷たく言い放っていた。老いたソフィーは、自らの身体の衰えから慮って人を思いやることができる。それが敵と目指していた相手であっても、その思いやりは変わらない。

この場面でソフィーに程よく陰日向のない温かさを示されたからこそ、無力な老女となってからの魔女は、ソフィーについていくのではなかろうか。しかし、ハウルの城の住人となった荒れ地の魔女が、ただ無力無害な老女であり続けたわけではない。サリマンののぞき虫を察知したり、毒性を撒き散らす葉巻を悠然とくゆらせたり、空襲に遭っては不気味な洞察力を発揮したりする。老いの深まり、その道のりは一直線ではなく、行きつ戻りつ、振幅を見せながら進んで行く。

そのなかに、ハウルの心臓への執着は、まだ残っている。時ならず「心臓」という語に異様な興味を示し、カルシファーのなかにハウルの心臓を見つけるや、炎のなかに手を差し入れ、燃え移った火に身体を包まれても、魔女はハウルの心臓を手放さない。恐ろしいほどの妄執と見える。

ところが、ソフィーに「おばあちゃん、お願い」と抱きつかれると、「そんなに欲しいのかい?」、「仕方ないねえ、大事にするんだよ」と言いながら、あっさりと手渡している。この時のソフィーは少女の姿に戻っていて、さながら祖母と孫娘の図に見える。ソフィーのまっすぐな願いが、魔女の髪に触れる頬、顔に触れる腕、ソフィーの息遣いや体温を伴って、魔女の心の奥深くに届いたのであろう。肌を触れ合う温かさ、スキンシップの〈魔力〉である。

おそらく魔女は、これまでずっと孤独のなかにいた。逆らわず指図に従うゴム人間をいくら作り出していても、なんらかの情緒を伴う関係性はあり得まい。その名の通り「荒れ地」に独り佇むような壮絶な孤独のなかにいた魔女は、心を通い合わせる何者も持たなかったがゆえに、自己一身の延命にあくまでも固執したのに違いない。だが、ソフィーという庇護者と、ハウルの城という居場所を得て、これからは変わるに違いない。城に住む〈家族〉に血縁は必要ではない。叔父を亡くしたハウル、身寄りのないマルクル、取り戻した自由によって舞い戻ってきたカルシファー、主人サリマンのもとから出奔した犬のヒン、そして帽子屋の家を出たソフィー……ハウルが言うように「我が家族はややこしい者ばかり」でも、共にいて癒し慰めが生じる場に〈家族〉はある。ハウルの城での暮らしのなかで、他者との繋がりを味わいつつある魔女は、めぐる命、繋がる命の有様に、心安らげる筈である。荒れ地の魔女も、多少の振幅は見せながらも、老いること、衰えること、やがては死を迎えることを受け入れていくだろう。命あるものの宿命として。

かくしてソフィーは、サリマンからはハウルの自由を、荒れ地の魔女からはハウルの心臓を、見事に奪還したことになる。利己的な歪みのない他者理解と、駆け引きのない直情の勝利と言えよう。

老婆になったソフィーの、自意識の揺らぎと、ふたりの老女との関わりを見て来た。ソフィーは、九〇歳の老婆になるという大きな変貌に見舞われながらも、自分自身への根源的信頼と、人生への肯定感、そして周囲のものみなへの優しさを失わなかった。そのようなソフィーの姿は、不安と混沌のさなかにある現代の私たちに、強いメッセージを発している。世界はまんざらでもない。

今は目に見えなくても、美しい場所は必ずあるに違いない。

注

（1）「万物生命教の世界、再び　山折哲雄氏との対談」『折り返し点　1997～2008』岩波書店　二〇〇八・七

（2）「魂にとって何が大切か　二〇〇五年度国際交流基金賞　受賞のスピーチ原稿」　引用は注（1）と同じ。

（3）ダイアナ・ウィン・ジョーンズ、西村醇子訳『魔法使いハウルと火の悪魔』徳間書店　一九九七・五

（4）『スタジオジブリ絵コンテ全集14　ハウルの動く城』徳間書店　二〇〇四・一一　以下、映画の台詞はこれに拠る。
（5）注（3）と同じ。
（6）注（3）と同じ。
（7）『宮崎駿のアニメ世界が動いた　カリオストロの城からハウルの城へ』清流出版　二〇〇四・一二
（8）「山下の味が出ていると宮崎さんに言われました」『ロマンアルバム　ハウルの動く城』徳間書店　二〇〇五・一
（9）注（7）と同じ。
（10）『宮崎駿という運動』弓立社　二〇〇八・三
（11）注（10）と同じ。
（12）注（10）と同じ。
（13）注（3）と同じ。
（14）「ハウルの動く城　準備のためのメモ」『ジブリの教科書13　ハウルの動く城』文藝春秋　二〇一六・八

Ⅵ　小人とは誰か
――『借りぐらしのアリエッティ』に描かれた少女の通過儀礼

中村友紀

はじめに

スタジオ・ジブリ制作の『借りぐらしのアリエッティ』[1]（二〇一〇年　米林宏昌監督、宮崎駿企画・脚本。以下、『借りぐらし』）には、原作がある。原作であるところのメアリー・ノートンの児童文学『床下の小人たち』（一九五二年、*The Borrowers*、以下、『床下』と略称[2]）から受け継いだナラティブの構成要素としては、借り人たち（borrowers）と呼ばれる小人が人間の家の中に住んでいること、小人の少女アリエッティと病気で臥せっている人間の少年との交流、少年の周囲の人間関係、アリエッティ一家の危機と結末での移住、などが挙げられる。一方で、全く原作通りというわけではなく、映画版にはジブリ独自の解釈や新たな創作が見られ、それが『借りぐらし』を原作と異なる作品にしている。

そもそも、『借りぐらし』の小人とはどのような存在なのか。妖精なのか、一寸法師のようなものなのか。後段で詳述するが、もともとジブリの制作の着想には、アングロ・サクソンあるいはケルトのフォークロアがあった。一方で、原作には、伝統的、因習的な魔法物語としての妖精譚の要素はなく、また、ケルティックな特色が打ち出されているわけではない。しかしながら、原作に潜在しているかもしれない古層の文化の痕跡を、映画が改めて明るみに出したという見方もできるであろう。

ジブリ作品としての『借りぐらし』が新たに創り出す表象の中でも、本論考が特に注目するのは、舞台背景が日本に置かれたことで、この作品に潜在するフォークロアがアイヌ伝承を思わせる表象となり、そこから、ポスト・コロニアル的な構造が見え始める点である。ジブリの物語に典型的に見られる、ヘゲモニックなものへの懐疑と、危機にある共同体という背景が漠然と基調になっていることで、登場人物たちも原作とは違った様相を見せる。

異なる文明同士の相克の構図が、主人公アリエッティの成長に特別な意味を持たせる。小人の種族が「滅びかけ」であることから、危機にある小人種族の世代存続を担うという英雄叙事詩的使命が、アリエッティにかかってくる。「借り」人としての修行や、人間との交流という越境など、様々な試練をアリエッティが経ることが、青少年を成年として社会に包摂する通過儀礼のイニシエーションとなり、小人の共同体を救うという意味を帯びることになる。以下、フォークロアと通過儀礼の要素を、『借りぐらし』に探っていく。

小人とは誰か ―― ジブリの小人

まず、『借りぐらし』の概要を記しておくと、一四歳のアリエッティと父ポッド、母ホミリーの小人の一家が、人間の家の床下に暮らしている。生活に必要なものはすべて人間から少しずつ借りて暮らしつつも、「借り」も自らの存在そのものも人間に気付かれないようにすることが彼らのルールである。小人が密かに暮らす家には、年老いた貞子と家政婦のハルが暮らしており、そこにひととき、貞子の姉妹の孫である少年、翔が滞在する。ある日、「借り」の修行を始めたばかりのアリエッティは翔に見つかってしまう。翔に助けられたことや病気への同情から、アリエッティはぎこちないながら翔との交流を始める。他方、家政婦ハルは、物がよく無くなることから、長らく小人の存在を疑っていた。翔の様子から小人の居場所の見当をつけたハルは、アリエッティの母ホミリーを見つけて連れ去り、アリエッティ一家をネズミのごとく駆除しようとする。アリエッティは翔の助けを借りてホミリーを助け出し、小人の生活の痕跡を消し、ハルの追及をかわす。人間に見つかったことで、小人一家は人間の家を出て、新たな住処を求めて野に出ていく。小人たちが新天地を求めて旅に出るところで、物語は終わる。

ジブリ作品の多くでは魔術や異界が描かれるが、『借りぐらし』にそうしたものは登場しない。小人は妖精のような神秘の存在ではなく、人間に似た現世的存在である。ただし、小人たちは人間と似ているが、作中で「滅びゆく」種族と言われており、人間とは異なる存在である。物質的には人間に依存しながらも、人間と交流することがないどころか、決して人間に姿を見られてはならないという鉄則のもと生きている。アリエッティ一家以外にも小人たちがいることは語られるが、小人同士の共同体もネットワークもとうの昔に消滅しており、他の小人の存在は昔の記憶でしかなく、かろうじて気配や不確かな噂でのみ関知している。アリエッティに向かって翔が次のように言う。「これまでにも多くの生き物が絶滅してきた……美しい種族たちが地球の環境の変化に対応できなくて滅んでいった。残酷だけど君たちもそういう運命なんだ」(3) 小人たちは完全に少数派の存在、しかも脅かされ、追いやられた「滅びゆく」人々である。

小人の生業は「狩り」ならぬ「借り」である。この生業は、鼠小僧や怪盗ルパンのような窃盗のようでもありながら、あたかも「狩り」であるかのように描かれる。父ポッドがアリエッティに「借り」を教える様子は、熟練のマタギが弟子に熊猟の術を仕込むかのようである。父は娘に「借り」の極意を伝授し、親子は猟師のように武装して「借り」に臨む。ポッドは、初めての「借り」に出たアリエッティに、壁面の登り方を教え、ネズミに挑もうと勇み足な我が子に、「いどまなくていい危険というものもある」と諭す。[4]「借り」は生命の危険を伴う活動であり、その収穫は運に左右され、獲物を狙う狩猟者のような鋭い勘と高い身体能力が頼りとなる活動である。小人たちの生活様式が狩猟文化に似ていることは、小人を人類史における狩猟民族のような存在として見せているといえる。さらには、一家以外に登場する唯一の小人である少年スピラーは、モグラの皮をまとったいでたちからも、昆虫の狩猟を行ったり弓矢を扱う様子からも、狩猟民族か野人のようである。

一方で、小人たちが人間から「借り」てきた物質を資源として管理したり加工したりする行為は、生産や商いのようでもある。[5]これらの生業に従事する様子が原作でも映画でも如実に表現される。「借り」てきたビスケットをすりつぶして食材として貯蔵する様子は、採取してきた植物を貯蔵する手作業のようでもあり、また、縫物をしたりかごを編んだり靴を作ったり、資源を自らの手で加工する、素朴で原始的な技術を駆使した生活の様子が、如実に描かれている。一方で、翔が彼らにプレゼントする人形の家は、豪勢で便利な文明の利器ではあるが、出来合いのものをただ消費するという行為は、小人たちの生活様式には馴染まないものである。さらには、これがきっかけとなって家政婦ハルによる迫害が行われたことを関連付けると、消費文明の産物は、小人たちには災厄をもたらすものである。狩猟と似た「借り」、そして得てきた物資を余すことなく利用しようとする工夫に満ちた生活ぶりなど、生きていくための基本的で始原的な人間のわざを行う光景が、映画では詳細に描写されている。そこに重点が置かれることで、彼らの世界は、現代文明以前にあった、もう一つの文明として見えてくる。

ジブリのケルト・フォークロア

小人の文明という表象の源泉を問うなら、ジブリの作り出すイメージの深層にはケルト文化が認められる。実際には、作中には目に見えて明らかなケルト的表象は登場しない。制作者側からも、実際の舞台が多摩地域であることが示されており、むしろ外国ではない設定を目指した旨が宮崎駿により明言されている。(6) しかし、作品の劇場公開前の宣伝番組で、プロデューサーの鈴木敏夫がケルトに言及したことや、主題歌がセシル・コルベルのケルティッシュ・ハープの演奏によるケルト的音楽であることから、関連性は明確ではないもののケルトの気配が底流にあるといえる。さらには、ジブリの公式ホームページ中の『借りぐらし』のプロダクション・ノートには、以下のような文言がある。「ファンタジーにはなぜケルト音楽が合うのでしょう。それはファンタジーがケルト文化をベースにしたもの、つまりローマからもたらされたキリスト教とは違った先住民族たちの伝承や説話をもとにしたものが多いからだと言えます」[7]。ここで、この作品の基調にあるものが、ケルト的想像力に通底するナラティブであることが述べられている[8]。

さらに、プロダクション・ノートで、小人という存在について以下のような観念が語られている。「小人というファンタジックな存在は、キリスト教的な世界観とは相容れないものです。キリスト教では、神と人間以外の知的存在は認めていないからなのです」[9]。数々の妖精が存在し、また、動物が意思をもって人間と対等あるいはそれ以上の存在である文明は、西洋世界を支配してきたローマ帝国やキリスト教などのヘゲモニーの対極にある。追いやられたもう一つの文明としてのケルト文明は、人間の支配する世界の片隅で滅びかけの種族として隠れ住む小人族の世界と、似た存在である。

ケルトとキリスト教の関係が小人と人間の世界の対比とパラレルになるのだとしたら、小人が床下の住人として描かれていることは象徴的である。そもそも、「床下」とは、原作が打ち出していた表現であり、ジブリ映画も床下という世界の存在を重視していることが、プロダクション・ノートからもわかる。[10]「床下」というシンボリックなイメージが示唆するのは、ブリテン諸島でよく見られる、キリスト教教会の地下に眠る、ケルトの祭祀の場の遺跡である。四三二年の聖パトリックによるアイルランドのキリスト教布教、そして五九六年のイングランドはカンタベリーでの聖アウグスティヌスによる伝道以降、樫の木や井戸などケルト文化において宗教的に意味のあった場所に、上書きするかのようにキリスト教修道院や教会が建てられた。[11]また、ケルト的な暦的祝祭日は、名目上はキリスト教の祝祭日に置き換えられた。深層に原初のケルト文明があるものの、名目上キリスト教文明に帰属するものが代替し、キリスト教の祝祭として祝われるようになった。[12]地下に葬り去られ、消えていった文明というイメージは、床下に住み、やがていずことも知れず去っていく小人と一致する。ケルト系ブリトン人をローマ帝国やゲルマン系のアングル人やジュート人が駆逐し、キリスト教普及がケルト文明を消し去った。民族の絶滅の歴史が、「借り人」の小人たちという表象の根底にある。

ただし、ケルト伝承で小人といえばレプラホーンであるが、この小人妖精は、アリエッティたちとは似ても似つかない。[13]現在まで伝わるケルトの妖精譚の小人 **Lepracaun** は、レプラホーンともレプラコーンとも発音される。W・B・イエイツはアイルランドの民間伝承を採取し、ケルト的妖精を体系的に整理した。伝承が広範囲の地域に流布すると、様々な派生や亜流も生じるものであるが、レプラホーンの本質的特徴として、イエイツは、「皺が寄り、年をとっていて、ひとり暮らしであって、どの点から見ても、『群れをなす妖精たち』のように交際好きな妖精とは似ていない。その服装も妖精らしくない質素なもので、本当のところ、汚なく、無精で、あざけることや悪戯することの好きな精霊である」と定義する。(14) この妖精は、たえず靴作りを行うが、片方の靴しか作らないという。また、アングロ文化圏の伝承には、人間が寝静まった後に、人知れず掃除や料理などの人間の手伝いを行う妖精のイメージが多く見られる。(15) 靴と関係の深いレプラホーンの残像が、『借りぐらし』の結末で、ポッドが靴を修理する姿のうちに見られる。(16) 一方で、ケルト伝承の小人は魔力を持っているが、(17) この点ではアリエッティたちとは異なる。

ジブリの描くアイヌ・フォークロア

ジブリ自体が、『借りぐらし』の着想の源泉にケルト伝承があることを表明している一方で、

『借りぐらし』の小人像は、日本人がよく知るフォークロアの小人、コロポックルを彷彿させる。アイヌ伝承のコロポックルが日本で遍く知られるようになったのは、佐藤さとるの児童文学『だれも知らない小さな国』（講談社 一九五九年）に始まるコロボックルシリーズや、一九七三年から一九七四年までテレビ放映されていたアニメ『冒険コロボックル』（原作：佐藤さとる・村上勉、アニメーション制作：エイケン、放送局：よみうりテレビ）という子ども向けメディアの働きが大きい。日本社会において多くの人が持つ小人イメージといえば、一寸法師などの日本のフォークロアとともに、児童文学やアニメを経たアイヌ伝承の小人が挙げられる。さらには、コロポックルがアイヌの伝承であることから、ケルトとキリスト教の構図と似た、アイヌと大和、あるいは主流のアイヌに対して、アイヌの中のマイノリティとしてのコロポックル、というコロニアル的関係性をも想起させる。(18)

ジブリ自体は、コロポックルについては言及していない。しかし、『借りぐらし』には、アニメ『冒険コロボックル』やその原作『だれも知らない小さな国』へのオマージュあるいはそれらからの影響の痕跡とも見えなくもない要素が散見される。まず、アリエッティにとっての翔と同じく、小人の友人である人間の少年せいたかが『だれも知らない小さな国』にも『冒険コロボックル』にも登場する。また、視覚的類似としては、アニメの主人公の小人ボックルもアリエッティも赤い服を着ている。さらには、コロポックルがフキの葉の下に住んでいるということも、葉の下に隠れたり葉を伝って移動する「借り人」と似ている。特に、公開時のポスターに描かれた、草や葉を背景にしたアリエッティは、フキの葉の下の住人コロポックルを視覚的に彷彿とさせる。

コロポックルとは空想上の存在ではなく、実際には中世以前にさかのぼる、千島列島にいた一民族である。[19] コロポックルが厳密にはどの民族なのかについては、アイヌ史の中でも様々な説があり、正確なところは未解明であるという。[20] 彼らは、アイヌが千島を植民する近世以前の時代に千島に住んでいたオホーツク文化人であるとも、アリューシャン列島のアリュートとも、千島アイヌであるとも考えられている。[21] 瀬川拓郎は、コロポックルの正体は千島アイヌであるという説を打ち出しており、本論ではこの説に準じて、以下、千島アイヌの可能性を前提として、『借りぐらし』と関連するコロポックルの特徴を検証していく。

アイヌ伝承でコロポックルとされる千島列島北部の人々の特徴として挙げられるのは、非常に小柄であること、ラッコ漁を行っていたこと、土を採取しに海を渡り、その土で土器を作っていたこと、竪穴式住居に住んでいたこと、などである。[22] また、これら以外に瀬川が考える、北千島アイヌの人々のコロポックルに投影された特徴は、「小人と本島アイヌはコミュニケーションを欠く」、「小人は島に住み、船でやってくる」といった点である。[23] コロポックルの、土器づくりや竪穴式住居、狩猟という生活様式は、ジブリアニメにたびたび登場する、縄文的な文明と弥生的な文明の衝突の図式における縄文的なるものに当てはまる。

幕府の官吏から商人、イエズス会宣教師まで、様々な人が記した複数の史料によると、千島アイヌの生業として重要なものは、毛皮や鷲の羽をアイヌに売る交易であった。[24] ただし、交易とはいっても、彼らは直接的な交渉などは行わなかった。彼らは姿をアイヌ人に見られることを嫌い、沈黙交易を行った。コロポックルとされる人々は、アイヌの住む地域にやってきてはラッコ皮やオオワシの羽などを人知れず置いて行った。千島のオオワシの羽は、大和からもアイヌからも珍重されていた。アイヌの側でも心得ていて、見られるのを嫌う千島アイヌが来るときは姿を現さず、千島アイヌに対して商う物資を置いておいたという。[25] この交易は、人もいないところに置かれた商品を持ち去るにあたって、それに釣り合うだけの交換品を置いて行く、という相互の信頼がなければ成立しないものであった。[26] また、彼らのアイヌとの接触のもう一つの機会は、土器の材料となる土の採取の際であった。彼らは土を「借り」るために、定期的に北海道本島に上陸し、そうした折に偶然アイヌと遭遇した。[27] 姿を見られることを嫌う彼らが、生活のための交易や「借り」の機会に他民族から見られていたということも、『借りぐらし』

と重なる。

本島アイヌとの接触を嫌って北海道から小人とされる千島アイヌの民が去っていったという伝承は、[28]パターンとしては『借りぐらし』の結末と重なる。瀬川の分析では、千島列島をはじめとするアイヌ社会の周縁・辺境は、「異人として表象される人びとが跋扈し、伝説が発生する空間」であり、コロポックルも神秘化されたり賤視されたりしつつ、他のモチーフと融合するなどして物語として成長を遂げた。[29]コロポックルにしてもケルトにしても、周縁化され古層として遠ざかっていく民族・文明である。ジブリ的文明観にはこうした敗者への共感があり、それが『借りぐらし』のナラティブを貫いている。

少女の通過儀礼――共同体存続の希望

アリエッティの背後には、共同体や種族の存在が明確である。結末で貞子の家を出たアリエッティの一家はよるべない漂流者となり、また、小人の種族は散逸して「滅びかけ」であり、小人たちの共同体は絶滅の危機にある。そうした背景において、アリエッティやスピラーのような次世代を担う青少年は、共同体存続の希望が託された存在である。しかしながら、『借りぐらし』の原作である『床下』では、共同体のイメージは強くは打ち出されていない。また、スピラーはノートンの原作では、続編『野に出た小人たち』になってやっと初めて登場するのであって、『床下』には登場しない。『借りぐらし』では小人の共同体の輪郭が強く意識されるからこそ、アリエッティの成長に通過儀礼としての意味が明確に立ち現われてくる。

『借りぐらし』は、教養小説（ビルドゥングスロマン）であるといえる。アリエッティは父から「借り」を学び、その「借り」の修行を通じて生業を覚え、資源である人間社会を知り、小人として生きていく術を獲得する。危険を伴う「借り」が行えて初めて一人前になるということは、最初の「借り」は初陣のような通過儀礼である。しかし、物語全体の枠組みとしては、より大きな通過儀礼を経ることになる。アリエッティの最大の試練は、小人の世界と人間界の間を越境することである。アリエッティが人間の世界に足を踏み入れ、ハルが連れ去ったホミリーを助け出し、最終的には家族と共に新天地を求めて旅立っていくというプロットは、象徴的な通過儀礼の「行って帰る物語」である。

大塚英志は、多くのファンタジーに備わる、青少年が通過儀礼を経るプロットを、「行って帰る物語」であると指摘する。(30) こうした「行って帰る物語」の筋書の常套は、幼い人物が、日常の世界から、魔法の世界や異次元に旅をし、そこで未知なるものに出会い、冒険や葛藤を経験し、試練に打ち克ったのち、元いた日常世界に戻ってくる、というものである。大塚によると、『行って帰る物語』とは、人が子供から大人になるというプロセスを物語という形で経験することにつながる」ものであり、こうした試練は一種の通過儀礼である。[31]つまり物語の展開が少年少女が成年として共同体に受け入れられるための成年式を象徴している。物語の結末は、成年式を経た青少年が、次世代の共同体を担う成員となる地点で結末を迎えるというものである。教養小説的な構造を持つ物語ということになるが、成長が通過儀礼として描かれるということは、個人の成長を「成年」として分節化してしまう共同体が存在することを意味する。

映画に関していうと、多くのファンタジー映画は、この「行って帰る」構造を共有しており、二〇〇〇年代以降のファンタジー・ブームにおいては、定石といっていいほど多く見られるパターンとなっている。『ハリー・ポッター』シリーズの初期の『賢者の石』（二〇〇一年）や『秘密の部屋』（二〇〇二年）では、主人公が伯父一家と暮らす不遇な日常生活から逃れ魔法界に行って冒険を経験する。『ナルニア国物語』（二〇〇五年）や、ティム・バートンによる『アリス・イン・ワンダーランド』（二〇一〇年）も同様の枠組みを持つ。常套的枠組みとしては、憂鬱な日常世界から逃れたいと願う青少年が、異次元の世界へ移動し、試練を経て戻ってくる時には、現実を肯定して受け入れられるほどに成長している、というプロットがある。その祖型は、早くも一九三九年に『オズの魔法使』に見られる。ジブリ作品の多くにも、このプロットが見られる。

『借りぐらし』の中の憂鬱な日常とは、アリエッティたちの一家の閉塞状況である。彼らと他の小人たちとのつながりは分断され、小人の種族自体が、もう何人生存しているのかもわからず、絶滅の危機にある。翔はそれを見て取り、アリエッティに現実をつきつける。翔はアリエッティに、小人が何人いるのかと問い、「でもそのうち君だけになってしまうんだろうね」と言う。(32) 翔との交流は、アリエッティに種族の存亡の危機を痛感させ、小人としてのアイデンティティを強く意識させる契機となる。アリエッティは、「何としても生き延びなきゃいけないってお父さんも言ってた！……私たちの種族がどこかで工夫して暮らしているのをあなたたちが知らないだけ。私たちそう簡単に滅びたりしないわ！(33)」と、種族として生き延びる意志を強くする。

さらにアリエッティの越境のクライマックスは、ハルによって連れ去られた母の救出である。病気による諦念から生きる気力を失っていた翔に助けを求め、助けを「借り」、ハルの小人撲滅計画の裏をかくことにアリエッティは成功する。ハルの悪意が支配する台所から母を連れて命からがら戻るという冒険が、「行って帰る」通過儀礼としての物語の構造をなしている。アリエッティの越境は、アリエッティ自身の通過儀礼であると同時に、一家の、そして小人種族の閉塞状況を打破することにもつながっている。アリエッティが人間と交流を始めたことが、成り行きとはいえ、床下に留まるがゆえに他の小人と出会うことなく、孤立して暮らす一家を、広い世界に解放するきっかけとなった。最終的には、少女の成長は、分断された種族の再会を予感させ、共同体の存続の可能性という意味を帯びる。「滅びかけ」であるがゆえに、青少年の通過儀礼には、次世代再生産の希望が託される。

おわりに

ジブリにおける『借りぐらし』の企画当初の時点で、制作者はアリエッティを、ナウシカに近い人物像として構想していたという。ナウシカ同様に、『滅びゆく種族』に属しながら（ナウシカの場合『滅びゆく種族』とは人間そのものだが）、絶望することなく、過酷な環境を生き抜いていく」というアリエッティを予定していた。「最初、米林監督は、アリエッティを他の仲間を探しに行くという使命感を持った少女として考えていた。そのためにナウシカに似てしまった」ということも明かされているが、ただし、宮崎駿の意図としては、ナウシカよりももっと、個人的な少年との交流に重点を置くことであったという。[34] しかしながら、危機を生き延びて、種族の仲間との出会いを期待し、新天地を目指すという結末を考えると、人間との交流も含めて、少女の通過儀礼が共同体的意味を持つ物語であることには変わりはない。

注

(1) 企画は二〇〇八年とされているが、構想自体は、一九六〇年代に東映動画にいた頃の宮崎駿と高畑勲によって持たれたものであった（スタジオジブリ・文春文庫編『ジブリの教科書16 借りぐらしのアリエッティ』文藝春秋 二〇一四・六）。

(2) 林容吉訳『床下の小人たち』岩波書店 二〇〇〇・九

(3) 米林宏昌監督・絵コンテ、宮崎駿・丹波圭子脚本『スタジオジブリ絵コンテ全集17 借りぐらしのアリエッティ』徳間書店 二〇一〇・七

(4) 注（3）と同じ。

(5) もう一人のプロデューサーである鈴木敏夫は、次のように述べる。「彼ら（小人）には通貨がない。すると当然、物が買えないから、借りてきたり、自分たちで作るしかない。昔の人間の家族はこうだったに違いない、ということを実践しているわけですよ。一方、貨幣経済が発達して文明の進歩を受け入れた人たちは、お金さえ出せばなんでも買える。だから床上の人たちの家には、自分たちで作ったものなんて一つもない。この対比の構造は意識しましたね。」（『ロ

マンアルバム　借りぐらしのアリエッティ』　徳間書店　二〇一〇・八）

（6）宮崎駿が『床下』の映画化の企画について自ら語る中で、設定を日本に変更した理由について、以下のような説明がなされている。「だって今の日本を舞台にしなきゃ、お客さんは来てくれないです。（略）今の日本の国のありようのなかに、何か根本的に好奇心の欠けているところがあると思います。（略）僕が『床下の小人たち』の舞台を日本に持ってきたっていうのは、まだそのほうが作りやすかろうと。作品を誰も知らないんだから、突然にイギリスに一ヶ月ぐらいロケハンに行ったって、何もわかりゃしないから、そんなことより自分の暮らしてきた生活を考えろと。」（引用は注（1）と同じ。）

（7）http://www.ghibli.jp/karigurashi/film_p_note.html　二〇一八年一月二〇日閲覧

（8）ケルトの世界を物語の舞台にするということは、既に『風の谷のナウシカ』で行われている。青井汎は「腐海」が二〇〇〇年以上前のケルトの森のイメージであると指摘する「スタンダードはお好き？　『魔法使いハウルと火の悪魔』の宮崎流アレンジ術」『ユリイカ』　二〇〇四・一二　青土社

（9）注（7）と同じ。

（10）「アリエッティたちが住む床下の世界。ゴキブリやダンゴムシも登場するのですが、不思議と明るく描かれています。米林監督によると、普通、床下はじめじめしたりカビっぽかったり……、そういう世界には描きたくなかったのだそうです。」（引用は注（7）と同じ。）

（11）鶴岡真弓・松村一男『図説ケルトの歴史　文化・美術・神話をよむ』　河出書房新社　一九九九

九・八

（12）フランソワ・ラロック、中村友紀訳『シェイクスピアの祝祭の時空　エリザベス朝の無礼講と迷信』　柊風舎　二〇〇八・一。なお、ラロックによる祭日暦一覧表では、キリスト教祝祭暦と、民間習俗の暦、ケルトやキリスト教以前の古代ローマの祝祭暦の一致および対応が整理されており、クリスマスや復活祭など多くのキリスト教祝祭日が、元来は別の宗教や信仰の祭日を塗り替えるかのような置き換えであることが見て取れる（四五四―四五五）。

（13）信岡朝子の指摘によると、ケルト伝承以外にも、イギリス文学には小人譚の系譜の長い伝統がある。信岡は、親指トムの物語や、『不思議の国のアリス』のアリスの身体の伸び縮み、『ガリヴァー旅行記』のリリパットなどを挙げている。（「メアリー・ノートン『床下の小人たち』シリーズに見る自然への憧憬―ジブリ映画『借りぐらしのアリエッティ』との比較から―」『東洋大学人間科学総合研究所紀要』一五号　二〇一三・三）。『床下』シリーズの一連の小人の物語もこのイギリスの児童文学の小人ジャンルに属するものであるといえる。

（14）井村君江訳『ケルト妖精物語』　筑摩書房　一九八六・四

（15）キャサリン・ブリッグズの分類による「人間に依存する妖精」である（石井美樹子・山内玲子訳『イギリスの妖精：フォークロアと文学』　筑摩書房　一九九一・二）。

（16）また、『床下』の続編、『野に出た小人たち』（*The Borrowers Afield.*　一九五五）では、移住したアリエッティたちが古靴の中で生活する様子が描かれる。住処となった落し物の靴の精巧な出来を、ポッドは、靴職人のような鑑識眼で賞賛する（林容吉訳　岩波書店　二〇〇四・四）。

(17) 注(14)と同じ。
(18) 青井の分析では、宮崎駿とは「舞台やキャラクターの背後に予想だにできなかったモノを沈める。」(引用は注(8)と同じ)たとえば、宮崎作品では「東洋的なものの裏には西洋的なものがあり、未来の裏には過去があるのです。」(引用は注(8)と同じ)『千と千尋の神隠し』の背景やストーリー展開には、『ハウルの動く城』の原作となった物語の影響が見られると、青井は指摘する(引用は注(8)と同じ)。米林作品である『借りぐらし』でも、アングロ文化圏の原作に、アイヌ伝承が重ね合わされて、それぞれの似たイメージが重層的に重なっていると言える。
(19) その存在については諸説ある。考古学的には証拠がないという意見もあり、また、少しずつ異なる説話が様々な土地に伝わっている(埴原和郎ほか『アイヌ　シンポジウム　その起源と文化形成』北海道大学図書刊行会　一九七二・四)。
(20) 瀬川拓郎『コロポックルとはだれか―中世の千島列島とアイヌ伝説』新典社　二〇一二・五
(21) 注(20)と同じ。
(22) 注(20)と同じ。
(23) 注(20)と同じ。
(24) 注(20)と同じ。
(25) 注(20)と同じ。
(26) 注(20)と同じ。

(27) 注(20)と同じ。
(28) 注(20)と同じ。
(29) 注(20)と同じ。
(30)『ストーリーメーカー 創作のための物語論』星海社 二〇一三・一二
(31) 注(30)と同じ。
(32) 注(3)と同じ。
(33) 注(3)と同じ。
(34) 注(5)と同じ。

Ⅶ　予感させる少女
――『崖の上のポニョ』の間テクスト性

禧美智章

新たな少女像 ―― ポニョ

二〇〇八年七月に公開された『崖の上のポニョ』(以下、『ポニョ』)は、宮崎駿にとって監督一〇作目となる長編アニメーションである。『千と千尋の神隠し』以来七年ぶりに、原作・脚本・監督の全てを宮崎自身が担当し、「アニメーションの初源」へと立ち戻ることを目指した本作は、一七万枚の原画はすべて鉛筆の手描きで制作されている。

物語の舞台は海辺の小さな町。主人公は五歳の男の子・宗介とさかなの子・ポニョ。「今度こそ子供のために映画を作ろう」[1]と制作に臨んだ本作は、宮崎の長編作品としては最も幼い主人公たちとなっている。[2]物語は、人間の世界に興味を持ったさかなの子・ポニョが、父であるフジモトの目を盗んで家出し、クラゲに乗って陸を目指すシーンから始まる。途中、瓶にはまってしまい動けなくなったところを崖の上の家に住む宗介に助けられる。ポニョはフジモトによって海の世界に連れ戻されるが、フジモトがデボン紀の海を再生するために貯め込んでいた「生命の水」を奪って人間の姿になり、その溢れる魔力によって引き起こした大津波に乗って再び宗介の元へと向かう。一夜明けると、ポニョの膨大な魔力によって陸の世界は古代魚たちが泳ぐ古代の海の世界へと変貌していた。ポニョの膨大な魔力が人間の世界に大混乱を引き起こしたため、フジモトとポニョの母であるグランマンマーレはポニョを完全な「人間」にする「ふるーい魔法」を使うことにする。それは、宗介がポニョを受け入れ、身元引受人となればポニョは人間となるが、宗介がポニョを選ばなければ泡となって消えてしまうという契約の魔法だった。だが、宗介は「ぼくおさかなのポニョも、半魚人のポニョも人間のポニョもみんな好きだよ」とためらわずに言い切り、宗介との口づけによってポニョは人間の女の子になるのだった。

前作『ハウルの動く城』の完成後、宮崎は夏目漱石の全集を読みふけったという。主人公の宗介の名は、漱石の小説『門』に登場する「崖の家の下」に住む「野中宗助」がもとになったとされるが、五歳という年齢の割にはしっかりとした男の子である。宗介の通う保育園に併設されたデイケアセンター「ひまわりの家」のおばあちゃん達に折り紙の金魚のおまもりをプレゼントした際には、ポニョを人面魚であるとして怖がっていたよしえさんには金魚ではなく船の折り紙を渡すなど、さりげない気遣いを見せている。また、父の耕一が仕事のために約束した日に帰れなくなってしまい、母のリサがふて寝してしまったときにも、宗介は「リサ泣かないの。ぼくも泣かないから……」と優しく母の頭を「なぜなぜ」(3)してあげるなど、非常に良くできた男の子として描かれている。作曲の久石譲に渡した音楽メモで宮崎は、

宗介は真の秀才です。まっすぐに貫ける五歳の神童です。才能のかけらも今はまだ見せていませんが、ポニョを受けとめ、リサの心を理解し、フジモトにも心を配り、普通の子なら分裂し、トラウマやら心理学上の分類の対象者になるところを突破し、かわいい人面魚のポニョも凶悪な半魚人のポニョも、わがままな女の子のポニョも全部受け入れていきます。だから宗介は秀才なのです。(4)

と、宗介を「主人公の資格を持つ人物」であると説明している。まさに、宮崎アニメの主人公

たるキャラクターとして描かれているのだ。

一方、ポニョのモデルは作画監督を務めた近藤勝也の娘であるという。彼女の気の強い性格が宮崎のお気に入りで、メイキングでは一歳半になってもほ乳瓶のミルクを自分では持たず親が飲ませてくれないと怒るといった微笑ましいエピソードがポニョのキャラクター造形のヒントとなったことが紹介されている。[5]劇中のポニョはというと、宗介がサンドイッチのパンを食べさせようとしても「プイッとそっぽをむ[6]」き、中身のハムだけを「バクッとピラニア顔負けにハムをおそい、グイッとひっぱって[7]」食べてしまう。ポニョはハムが大好きなのだ。大好きなハム以外の具やパンには見向きもしない。だから、宗介とポンポン船でリサを探しに行く場面でも、お弁当のサンドイッチのハムだけを食べてしまう。また、自分を連れ戻そうとする父・フジモトや自分を人面魚として気持ち悪がるトキさんなど気に入らない人物に対しては、小憎らしい顔で「フンとそっぽをむき」、「プーッと水鉄砲[8]」で攻撃してしまう。「ワガママでハチャメチャ[9]」なポニョは、従来の「美しく聡明で行動的でけなげ[10]」な宮崎アニメの少女達とは一線を画する、新しい少女像として描かれているのだ。

クライマックスのない物語 ――『ポニョ』の構造（一）

映画評論家の町山智浩は、『ポニョ』における「アニメーション的なクライマックスがない構成」について批判的に指摘している。[11] もちろん、水魚の姿になった妹達、大津波の上を走って、宗介のいる陸へと再びやってくる「ポニョ来る」のシーン等、映像的カタルシスが得られる場面は存在する。しかしながら、大人が『ポニョ』を観たときに感じるある種の物足りなさといったものは確かに存在しており、町山の指摘はその物足りなさに関する言及であるといえる。酒井信も『となりのトトロ』のクライマックスである、ネコバスのシーンを例にあげて、次のように述べている。

この作品の見所はポニョが海から人間の世界へ旅立つために、津波を引き起こし、人間の文明を次々と呑み込んでいく序盤のシーンであろう。おそらくこのシーンを見ていた人たちの多くは「これはとんでもない映画になるぞ」と期待に胸をふくらませていたに違いない。『となりのトトロ』でたとえれば、序盤からトトロがねこバスに乗って里山を荒らしながら、メイに会いに来るような予想外な展開である。[12]

つまり、我々大人の観客は、序盤にこれだけ盛り上がるシーンがあるならば、後半にはもっとすごいシーンがあるに違いないという期待をしながら『ポニョ』を観ていたということである。

多くのアニメーションや劇映画、特にハリウッド映画の脚本は、三幕構成を取っている。映画脚本の三幕構成を理論化したシド・フィールドによれば、三幕はそれぞれ「状況説明」「葛藤」「結末」に対応し、その配分は1：2：1（二時間の映画であれば、三〇分：六〇分：三〇分）が理想であるという。[13]

一幕目では、登場人物や世界観の紹介等、観客に対して「状況説明」がなされる。その終盤に後のストーリーの方向を決めるプロットポイント1となる出来事や事件があり、物語が動き出す。二幕目「葛藤」では文字通り主人公は葛藤する。しかし、物語の中間地点であるミッドポイントの出来事をきっかけに主人公は葛藤を乗り越える。三幕目へと繋がるプロットポイント2を経て、結末の三幕目にて主人公の物語は決着するのだ。

たとえば『風の谷のナウシカ』に当てはめてみると、

第一幕　00：00～00：33
　王蟲《オーム》に追いかけられるユパ、王蟲・腐海と共生しようとするナウシカと風の谷、トルメキアによる占領まで。（トルメキア侵攻による父の死：プロットポイント1）
第二幕　00：34～01：28
　クシャナによる支配、人質として谷を立つナウシカ、アスベルによる襲撃、腐海の底へ沈むナウシカ、ペジテの計画を知るナウシカ、ペジテの船からの脱出まで。（腐海の底で知る世界の真実：ミッドポイント、アスベルの母の助けによって飛行艇から脱出：プロットポイント2）
第三幕　01：28～01：57
　王蟲の幼生を助けようとするナウシカ、巨神兵の復活、身を挺して押し寄せる王蟲の大群を止めるまで。

と見事な三幕構成となっていることが分かる。
　また、ユング心理学とジョーゼフ・キャンベルの『千の顔をもつ英雄』(14)のコンセプトを発展させ、映画のストーリー開発に適用したクリストファー・ボグラーは、三幕構成をさらに次の

一二のステージに分類している。(15)

第一幕（出立、離別）
ステージ1：オーディナリー・ワールド（日常の世界）
ステージ2：コール・トゥ・アドベンチャー（冒険への誘い）
ステージ3：リフューザル・オブ・ザ・コール（冒険への拒絶）
ステージ4：ミーティング・ウィズ・ザ・メンター（賢者との出会い）
ステージ5：クロッシング・ザ・ファースト・シュレスホールド（第一関門突破）
第二幕（試練、通過儀礼）
ステージ6：テスト・アライズ・エナミーズ（試練、仲間、敵対者）
ステージ7：アプローチ・トゥ・ジ・インモウスト・ケイヴ（最も危険な場所への接近）
ステージ8：オーディール（最大の試練）
ステージ9：リウオード（報酬）
第三幕（帰還）
ステージ10：ザ・ロード・バック（帰路）

ステージ11：リシュアラクション（復活）

ステージ12：リターン・ウィズ・ジ・エリクサー（宝を持っての帰還）

ここで、第二幕のステージ8の「オーディール（最大の試練）」に注目したい。このステージをボグラーは次のように定義する。

ヒーローは、恐るべき挑戦を受け、最強の敵と向き合うインモウスト・ケイヴ（最も危険な場所）の最深部に立っている。そこは、ジョーゼフ・キャンベルがオーディール（最大の試練）と呼ぶ核心となるステージである。そこは真にヒーローとなるための素晴らしい力を得る場所である。（略）オーディール（最大の試練）の秘密は一言でいうと次のようなことだ。「ヒーローは死ぬしかないのだ。だからこそ彼は新しく生まれ変わることができる」。観客が他のどんなシーンよりも楽しみにしているドラマチックなシーンは、ヒーローの死と再生である。(16)

つまり、「オーディール（最大の試練）」とは、第二幕の中間に来る山場の一つで、主人公の死と再生が行われ、クライマックスに向けて主人公が体勢を立て直すステージのことである。

『風の谷のナウシカ』では、ナウシカが腐海の底の湖で世界の真実を知るシーンに相当する。腐海の中で蟲に襲われるアスベルを助けようとしたナウシカは、メーヴェの墜落によって腐海の底へと落ちてしまう。そこは、濃い瘴気のため人が生きられない死の世界であるはずだった。しかし、そこにあったのはきれいな空気、砂、そして水だった。ナウシカは、人間が徹底的に汚してしまった地球を腐海の樹々が浄化していたという世界の再生の秘密を知り、生還を果たす。

では、『ポニョ』ではどうだろうか。冒頭からボグラーのステージに当てはめてみると、第一幕までで、

ステージ1：さかなのポニョが住む海の中の世界。（日常の世界）
ステージ2：好奇心から家出をし、陸の世界へ向かう。（冒険への誘い）
ステージ3：フジモトによって海へと連れ戻されてしまう。（冒険への拒絶）
ステージ4：「生命の水」によってポニョは人間の姿になり、再び宗介のいる陸へと向かう。（賢者との出会い）
※結果として「賢者」のキャラクターはフジモトとなり、ここで得た魔法の力に

よってポニョは庇護される。

ステージ5：大津波とともにポニョが宗介のもとにやってくる。（第一関門突破）

という構成になっている。

「ポニョ、手欲しい。足こんなのヤダー。宗介みたいな足ほしいー」と気合い（フジモトによれば宗介の血をなめたことによる、個体の先天的劣等因子の覚醒のため）で、手や足を生やし、フジモトの集めていた「生命の水」の魔力によって、人間の姿となり大津波に乗ってポニョがやってくる。本来、第二幕の「ステージ8：オーディール（最大の試練）」に相当すべきシーンが、第一幕の「ステージ5：クロッシング・ザ・ファースト・シュレスホールド（第一関門突破）」の位置に来るという、物語の前半に試練が課されるいびつな構造となっているのである。

宗介の物語 ――『ポニョ』の構造（二）

なぜ、このような構成となっているのか。それは、ナウシカは少女でありながら、英雄神話的な物語の主人公であったのに対し、ポニョはこの映画の中では「ヒロイン」[17]だからである。

たしかに『ポニョ』は「海に棲むさかなの子ポニョが、人間の宗介と一緒に生きたいと我儘をつらぬき通す物語」[18]だ。しかし、我儘をつらぬいて第一関門を突破したポニョは、物語構造上の立場としては受け身な存在となっていく。「人間となった自分を宗介は受け入れてくれるのか?」その後のポニョの命運を握るのは宗介なのである。物語の中心はしだいに宗介へと移っていく。

キャンベルは英雄の冒険に伴う物語の構造上に「鯨の胎内」という要素の存在を指摘したが、ボグラーがその「鯨の胎内」を擬似的な母体内での主人公の死と再生として解釈し物語の山場として配置し直したのが、「ステージ8：オーディール(最大の試練)」であった。『ポニョ』における「ステージ8：オーディール(最大の試練)」は、宗介が「半ねむり」[19]で、歩きつつ半魚人になっていくポニョを連れて古いトンネルを抜けるシーンなのである。暗くて長いトンネルを抜けて宗介が向かうのは、巨大なクラゲのドームに覆われ水没した「ひまわりの家」である。大塚英志が宗介の「胎内回帰」[20]と指摘するように、宗介が以前通ったことがあるというトンネルは産道、「ひまわりの家」は羊水に満たされた子宮のイメージとなっている。胎内回帰を果たし、再生した宗介は「ポニョの正体が、半魚人でもいいですか」というグランマンマーレの問いに答えるという最後の「試練」を迎える。魔法の力でポンポン船を大きくするなど、ここまでの冒険は活発なポニョが宗介を引っぱっていくような形で進んできたが、このときのポニョは魔力の使いすぎのためか魔法が使えなくなってしまっており、ねむさにも逆らえなくなっている。トンネルを一歩進むごとに、ポニョは人間の姿を維持できなくなり、陸上では生きられないさかなの姿へと戻ってしまう。ここでは、ポニョは完全に「守られる姫」となっている。

もうポニョの魔法は頼りに出来ない。しかし、この試練を宗介はいともたやすく乗り越えてしまう。不気味なトンネルも、どんどん半魚人に、さらには元のさかなの姿へと変身していくポニョを助けるために、怖いトンネルもポニョを抱えて一気に通り抜けてしまう。最後の決断のシーンも反対しているのはフジモトだけ。みんなに応援されながら、しかも最初からポニョの正体を知っており、ポニョのことが大好きな宗介は、迷うそぶりも見せず、全くためらわずに「ぼくおさかなのポニョも、半魚人のポニョも人間のポニョもみんな好きだよ」とまっすぐに受け入れる。映像的にも「ポニョ来る」のシーンの方が迫力があり、物語的にも、映像的にもどんどん盛り上がっていく展開を当然のこととして望む大人の観客にしてみれば、少し物足りないということになるのだろう。

劇中、宗介はしきりに「ぼくがまもってあげるからね」とポニョに声をかけている。この約束について、宮崎は次のように述べている。

約束は守れないものなんですよ。例えば子供がヒヨコを手に入れて、自分でなんとか守ろうとする。でもヒヨコは死んでしまうということがありますよね。子供は次々と約束を守らずに育たざるを得ないんです。でもこの映画では、とりあえず守りきった子供を描いてみたいと思いました。(21)

一〇一分の『ポニョ』という映画のメインストーリーは「5歳の宗介が約束を守り抜く物語(22)」なのであって、人間の宗介と一緒に生きたいと思ったポニョが「我儘をつらぬき通す物語」はオブリガートのように組み込まれる構造となっているのである。

「人魚姫」の変奏 ―― ポニョの物語(一)

宮崎自身が度々言及しているように、『ポニョ』は、ハンス・クリスチャン・アンデルセンの童話「人魚姫」を下敷きにした作品である。例えば、次のような発言をしている。

9歳の時にアンデルセンの『人魚姫』を読んだんです。あの話は、最後に人魚姫は魂がないからと言って、泡になってしまうでしょう。それがぜんぜん納得できなくて、いまだああいうキリスト教的な考え方は許せない気がしていたんです。（略）だから今回はそういう愛をハッピーエンドとして描いてみようと思いました。[23]

ここで、「人魚姫」の物語を確認したい。[24]「人魚姫」の物語を簡単なパートに分けて追ってみると、

①　人魚姫は王子に恋をする。王子が海で遭難して、人魚姫に助けられる。

②　人魚姫は人間になるが、魔女に声を奪われる。

③　王子が人魚姫を見つけるが、命の恩人とは気づかない。

④　王子は隣国の姫を選び、人魚姫は泡となって消える。

という流れである。続いて、「人魚姫」と対比する形で『ポニョ』の物語を整理してみる。

①　ポニョが陸に遭難して、宗介に助けられる。ポニョは宗介が好きになる。
②　ポニョが海に連れ戻される。
③　ポニョは魔法使い（フジモト）から魔力（生命の水）を奪って人間になる。
④　ポニョが大津波とともに陸にやってくる。
⑤　宗介はポニョが「ポニョ（さかなの子）」であったことに気づく。
⑥　宗介はポニョを選び、ポニョは人間になる。

こうして比較してみると、それぞれの結末、「人魚姫」が泡となって消えてしまうという悲しい結末を、ポニョが人間となって宗介と結ばれるというハッピーエンドへと変更しただけではなく、「人魚姫」の①・②・③・④と『ポニョ』の①・③・⑤・⑥がそれぞれ反転する形で対応していることが分かる。

「人魚姫」では〈王子〉が〈海〉で遭難し〈人魚姫〉に助けられるのに対し、『ポニョ』では〈ポニョ〉が〈陸〉に遭難し〈宗介〉に助けられる。人間への変身に関しては、「人魚姫」では〈魔女〉に声を〈奪われる〉のに対し、『ポニョ』では逆に〈魔法使い〉から魔力を〈奪い〉人間へと変身している。また、その後、無力にも陸に打ち上げられた人魚姫は王子に〈発見される〉のを〈待つ〉だけで、王子に〈気づいてもらえない〉のに対し、ポニョは自ら大津波を引き起こして陸に向かって宗介を〈発見し〉、宗介も「ポニョがおんなの子になってもどってきた」とその正体に〈気づく〉。

こうして比較してみると、最終的には、王子たる宗介がポニョを受け入れることによって、「人魚姫」の悲劇とは異なるハッピーエンドとなるわけだが、それは、ポニョが家出をし、自ら人間となって宗介に再び会いたいと願い行動した結果の帰結であることが明らかとなる。つまり、ポニョの自発的な行動によって、悲劇へと至る「人魚姫」の物語は反転していくのだ。

ビルドゥングスロマンの構造 ―― ポニョの物語（二）

一般に、宮崎アニメは、囚われの少女を救う少年の「エスコート・ストーリー」から、少女（時には少年）の成長物語である「ビルドゥングスロマン」へとその作風を変化させてきたとされている。この「少女の成長譚」である「ビルドゥングスロマン」を集大成的に完成させたのが自身最大のヒット作『千と千尋の神隠し』であった。本節では、この少女のビルドゥングスロマンという視点から、ポニョを見ていきたい。

こうした宮崎アニメにおけるビルドゥングスロマンの構造に注目した大塚英志はその物語構造の特徴として次の六点を挙げている。[25]

① 両親と分離・離別したヒロインが示される。
② ヒロインに与えられる「仮の名」(ないしは「仮の姿」)とそれを与える母性的庇護者の存在が示される。
③ 日常から切断された場所で「火」や「家事」に関わる労働をする。
④ ヒロインの真の姿を知る異性の存在が描かれる。
⑤ クライマックスで死者の国への旅(この旅はしばしば異性の危機の回復の旅である)が描かれる。
⑥ ヒロインの名の回復と成熟の達成。

分かりやすく、『千と千尋の神隠し』の千尋の場合を見てみると次のようになる。

① 豚となった両親と別れる。

②　湯婆婆の下で「千」という仮の名を与えられる。
③　「油屋」で女中として労働する。
④　千尋の名を知るハクと出会う。
⑤　銭婆の元へ向かう。
⑥　千尋は名と両親を取り戻す。

こうした通過儀礼的プロセスを経て、『千と千尋の神隠し』の千尋、宮崎アニメの少女達は成長するのである。

では、ポニョはどうだろうか。

①　父フジモトの元を離れる。
②　宗介に「ポニョ」という名を与えられる。
③　「明かり」を灯す発動機を魔法の力で動かす。
④　魚のポニョも、半魚人のポニョも、人間のポニョも大好きな宗介と出会う。
⑤　トンネルを通り、水没した「ひまわりの家」へ向かう。

と五つまでは当てはまるが、⑥の「ヒロインの名の回復と成熟の達成」にはうまく当てはまらない。ポニョは父に与えられた「ブリュンヒルデ」という名を回復することはない。「ブリュンヒルデじゃないもん。ポニョだもん」と宗介に与えられた「ポニョ」という名を選択するのだ。また、③の「労働」も『ポニョ』には見られない。ポニョは魔法によって宗介やポニョを助けはするが、厳密な意味での「労働」をすることはないのだ。この「労働」というモチーフは、宮崎が場面設計、美術設計として参加した、高畑勲演出の『太陽の王子 ホルスの大冒険』（東映一九六八年七月）から継承したモチーフである。大塚は「働くことによる成長」が「ジブリの女性キャラクターの基調となる属性」[26]であり、「「火事」や「火」にまつわる労働をするが、宮崎駿にとってこれは絶対に回避されてはいけない要素」であると指摘する。欧米のメディアから児童虐待ではないかという指摘さえあったが、キキにせよ、千尋にせよ、四歳のメイにしても「労働」することが、彼女たちが自己実現するための手段として一貫して示されてきたのに対して、『ポニョ』にはそれがないのである。「ワガママでハチャメチャ」なポニョに成長は見られないのだろうか。

成長の予感 ―― ポニョの物語（三）

宮崎によると、ポニョは「自分のことしか考えていない」[27]のだという。大津波を引き起こしながら陸へとやってきた際にも、ポニョの頭の中には宗介に会うということしかない。大津波のせいで、自分のせいで大きな被害が出ていても、被害者が出ていても、ポニョは顧みることはない。そんなポニョが、初めて自分以外の存在を思いやるのが次のシークェンスである。

ポニョと宗介は、水没した街で赤ちゃん連れの家族と出会う。ポニョは初めて見る赤ちゃんに興味津々である。

婦人その目線に気づき　一寸赤坊をだきおこしポニョにみせる
（婦人）「赤ちゃんよ」
ブスとした赤坊　ポニョを見てるらしい
ポニョのり出してみつめる。　何だこのいきものは？
ブス～ッとした赤坊

ポニョ何かいっしんにきいてるのです
ブスーとした赤坊　何か口にする　声にならない
ポニョもニッコリしてうなずき
身をおこしリュックに手をまわす(28)

赤ちゃんと言語外の会話を交わしたポニョは、赤ちゃんに水筒のスープを差し出す。

ここはどうしても必要なシーンでした。あれはポニョがその後に、人間としてちゃんと生活していけるという担保なんです。あの時彼女は赤ん坊という、自分以外の存在に思いやる気持ちを持てた。赤ん坊とポニョは、言語領域に属さない妖しい会話をしていますけれども（笑）。ポニョとはそういう、すごく柔軟性があってまだまだ育っていく生き物だと僕は思いたかったんです(29)

自分があげたスープも直接は飲めず、突然泣き出し、せっかくのサンドイッチも蹴飛ばしてしまう赤ちゃん。ポニョは、そんな赤ちゃんの「ホッペを両手でギューッとつぶ」し、「つぶしたカオをグリグリとやる」[30]。そして、おでこをおしつける。そうすると、赤ちゃんは泣き止み、大喜びの顔になる。このシーンついて、宮崎は次のように解説する。

僕は生まれてこない方がよかったんじゃないかって思ってる子に、生まれてきてよかったんだよって言ってあげているんだよ。それがだから、ポニョの担保だよ[31]

不安になってぐずる、自分よりも小さな生命に対して、ポニョは自然と「この世界に生きていてもいいんだよ」「生まれてきてよかったんだよ」と励ましたのである。

宗介と同じ五歳でも、ポニョは陸の世界、人間の世界は初めてづくしである。当然、人を思いやるということも理解できていない。そんなポニョが自分以外の存在に思いやる気持ちが持てたのである。これは、明確な成長ではないかもしれないが、ポニョが人間になったとき、正式に宗介と人間の世界で生きていくことになったときに、ちゃんとやっていけるだろう、思いやりやいたわりを持った子になれるだろう、そんな予感を感じさせるシーンとなっているのである。

おわりに

周りの大人たちを単なる引き立て役にするのは、きわめて良くないと思うんです。また小さな子供たちというのは必ず誰かの庇護によって生きているわけですから、庇護する側もきちんと描かないと作品世界が小さくつまらないものになってしまう。だから宗介の母親リサはリサで、ちゃんといろんなものを抱えながら生きているんですよ(32)

ここまで、宮崎アニメの新しい少女像としてのポニョを見てきたが、最後に『ポニョ』に登場するその他の女性について考えて結びたい。ポニョの母であり、海の生命たちを長い間見守ってきた、母なる海そのもののグランマンマーレは、ポニョが見事に成長した姿でもある。そして、グランマンマーレだけでなく、実はリサやトキさんも未来のポニョの可能性を示すキャラクターなのではないだろうか。

『魔女の宅急便』では、声優の高山みなみが、一三歳の魔女キキと、一八歳の画学生ウルスラの声を一人二役で演じているが、パンフレットではその演出意図が以下のように語られている。

声優の最終決定は宮崎監督。（略）高山みなみさんの一人二役という発案は、それぞれのキャラクターが各年代を代表する女性として存在するが、それも根本的には1人の人物が成長したものという発想から生まれたものです。キキ（13歳）が成長していくと、やがてウルスラ（18歳）に、次にオソノさん（26歳）、そして、コキリ（37歳）、老婦人（70歳）というわけです。(33)

また、声に注目するならば、作品内だけでなく作品外の繋がりを見ることもできる。たとえば、『ルパン三世　カリオストロの城』のクラリス、『風の谷のナウシカ』のナウシカを演じた島本須美は、後年、『となりのトトロ』ではサツキとメイの母親を演じている。先ほど見た赤ちゃんの母親は、柊瑠美が演じているが、柊は『千と千尋の神隠し』では千尋を演じている。このお母さんは、成長して母親となった千尋かもしれない……そんな想像が膨らむ演出となっているのだ（単なる偶然に過ぎないと思われるが、『千と千尋の神隠し』の冒頭、千尋の持つ花束に添えられたメッセージカードには「理砂」という名前が!?）。

「ワガママでハチャメチャ」で、一人の男の子を好きになって……将来は、グランマンマーレのような母なる海そのものになるかもしれない。家族に深い愛を持ち、しっかりとしているけれど、たまには拗ねてしまうリサのようなお母さんになるかもしれない。ポニョが励ました泣き虫な赤ちゃんのお母さんのようになるかもしれない。素直になれないトキさんのようなおばあちゃんになるかもしれない。ポニョは、スタート地点に立ったばかりの新しい少女像なのである。

注

（1）宮崎駿インタビュー「初めてニンゲンに憧れる主人公を描く」『CUT』二〇〇八・九

（2）最年少は『となりのトトロ』のメイが四歳であるが、姉のサツキは一二歳であり、宗介とポニョはペアとしては最も幼い組み合わせである。

（3）宮崎駿『スタジオジブリ絵コンテ全集16 崖の上のポニョ』徳間書店 二〇〇八・八

（4）「久石譲さんへの音楽メモ」『折り返し点 1997〜2008』岩波書店 二〇〇八・七

（5）『ポニョはこうして生まれた。宮崎駿の思考過程』ウォルト・ディズニー・ジャパン 二〇〇九・一二

（6）注（3）と同じ。

（7）注（3）と同じ。

（8）注（3）と同じ。
（9）『プロフェッショナル　仕事の流儀スペシャル　宮崎駿の仕事　第二回「宮崎駿のすべて」—〝ポニョ〟密着300日—』　NHK総合　二〇〇八・八・五放映
（10）高畑勲「エロスの火花」『出発点　1979～1996』徳間書店　一九九六・七
（11）ラジオ番組「ライムスター宇多丸のウィークエンド・シャッフル」での町山智浩の発言　TBSラジオ　二〇〇八・七・二六
（12）『最後の国民作家　宮崎駿』文藝春秋　二〇〇八・一〇
（13）安藤紘平・加藤正人他訳『映画を書くためにあなたがしなくてはならないこと　シド・フィールドの脚本術』フィルムアート社　二〇〇九・三
（14）"The Hero with a Thousand Faces" Pantheon Books 1949.
（15）岡田勲他訳『神話の法則　ライターズ・ジャーニー』ストーリーアーツ&サイエンス研究所　二〇〇二・一一
（16）注（15）と同じ。
（17）『崖の上のポニョ』企画書　引用は注（4）と同じ。宮崎は宗介を「主人公」、ポニョを「ヒロイン」として設定している。
（18）注（17）と同じ。
（19）注（3）と同じ。
（20）『物語論で読む村上春樹と宮崎駿　構造しかない日本』角川書店　二〇〇九・七

(21)「宮崎駿『崖の上のポニョ』のすべてを語る」『ぴあ』二〇〇八・七・二四
(22)注(4)と同じ。
(23)注(21)と同じ。
(24)「人魚姫」本文は、大畑末吉訳『完訳アンデルセン童話集1』(岩波書店 一九八四・五)を使用した。
(25)『物語消費論改』アスキー・メディアワークス 二〇一二・一二
(26)『魔女の宅急便』解題」『ジブリの教科書5 魔女の宅急便』文藝春秋 二〇一三・一二
(27)注(21)と同じ。
(28)注(3)と同じ。
(29)注(21)と同じ。
(30)注(3)と同じ。
(31)注(5)と同じ。
(32)注(21)と同じ。
(33)『魔女の宅急便』公式パンフレット

Ⅷ　戦火と結核 ――『風立ちぬ』菜穂子と加代の少女像

友田義行

里見菜穂子と堀越二郎

宮崎駿監督『風立ちぬ』は二〇一三年七月二〇日に公開されたアニメーション映画である。本作の完成後、宮崎はスタジオジブリの制作部門を解散し、長編アニメ作りから退いていた。引退宣言は二〇一六年に撤回されたが、しばらくは宮崎最後の長編とされていた作品である。

物語は飛行機設計家の堀越二郎を中心に展開する。(1) 太平洋戦争でその名を世界に轟かせた零《れい》式艦上戦闘機（零戦《ゼロ》）の設計者として知られる、同名の実在人物がモデルである。また、二郎を愛するヒロインとして、里見菜穂子が登場する。こちらは実在の堀越の妻（須磨子）ではなく、堀辰雄の小説に登場する三村菜穂子に基づいている。

堀越二郎はアメリカでライト兄弟が初飛行に成功した一九〇三年生まれで、翌年に生まれた堀辰雄とは同世代の人物であった。『風立ちぬ』というタイトルは言うまでもなく堀辰雄の代表作から取られているし、映画の冒頭で示される「風立ちぬ、いざ生きめやも」という詩句も、この小説のエピグラフおよび作中で引用されるポール・ヴァレリーの言葉から取られている。堀越二郎と堀辰雄という、おそらく誰も思いつかなかった組み合わせで、この物語の主要人物たちは造型されているのである。いわゆる評伝物ではないが、実在人物を題材にすることは宮崎にとって初の試みでもあった。

物語の時間は一九二〇年代から三〇年代が中心となる。関東大震災、金融恐慌、そして第二次世界大戦と、大正末期から敗戦へと至る激動の時代が描き出される。舞台は群馬県藤岡の農村に始まり、東京、名古屋、そして信州軽井沢や、八ヶ岳を望む富士見町の高原病院等が登場するほか、ドイツへの視察旅行も描かれる。実在の堀越の半生に、堀辰雄の療養生活および小説世界、そして映画オリジナルのストーリーが組み合わさった脚本である。クレジットには原作・脚本・監督ともに宮崎駿の名が掲げられた。

パイロットを夢見ながらも近視に悩む少年二郎は、夢の中でイタリアの飛行機設計家カプローニと出会い、美しい飛行機の製作を志す。東京帝国大学に進学して航空学を学ぶようになった二郎は、列車での移動中に少女菜穂子と出会い、その直後に発生した関東大震災を共にくぐり抜ける。大学を卒業した二郎は三菱内燃株式会社に入社し、軍部に依頼された戦闘機の設計に取り組むようになる。しかし、初仕事の隼《はやぶさ》型戦闘機はテスト飛行に失敗。同僚の本庄らと共にドイツのユンカース社を視察する中で、日本の航空技術の遅れを痛感する。帰国した二郎は七試艦上戦闘機の設計主務者に選ばれるが、これもテスト飛行に失敗。失意のなか静養に訪れた軽井沢で、成長した里見菜穂子との再会を遂げる。二郎は菜穂子に求婚し、彼女の父親にも認められるが、菜穂子は結核で母親を失い、自らも同じ病であることを告白する。菜穂子の治癒を待ちつつ、九試単座戦闘機の設計に没頭する二郎。一方で菜穂子の病状は悪化し、ついに喀血する。菜穂子は一人で富士見の高原病院に入ることを決意するが、やがて多忙な婚約者に逢おうと病院を抜け出し、山を下りてくる。二郎の上司である黒川に仲人を依頼し、即席の結婚式を挙げた二人は、そのまま黒川邸の離れで新婚生活を送る決心をする。二郎は窮まる激務の末、ついに新型戦闘機を完成させた。しかし、テスト飛行に向かう二郎を見送った菜穂子は黒川邸を去り、一人で高原療養所へと戻って行くのだった。それから約一〇年後、戦闘機の残骸が散らばり、零戦が雲を引くカプローニとの夢の中で、二郎は菜穂子に再会し、別れを告げる。

宮崎は、「後に神話と化したゼロ戦の誕生をたて糸に、青年技師二郎と美しい薄幸の少女菜穂子との出会い別れを横糸に、カプローニおじさんが時空を超えた彩どりをそえて、完全なフィクションとして1930年代の青春を描く、異色の作品である」と説明している[2]。冒頭で述べたように、本作は宮崎最後の長編となる可能性もあったいわば総括的な作品であり、様々な要素が盛り込まれた集大成であるが、本章では「美しい薄幸の少女菜穂子」を軸に、二郎の妹である加代にも触れながら、宮崎が描いた少女イメージを中心に考察していく。

堀辰雄のサナトリウム小説

零戦の設計者である堀越二郎やその著作と、文学者である堀辰雄やその小説。ひとまずこれらを「原作」として、映画『風立ちぬ』の主要人物は造型されている。宮崎は「企画書」で、「この映画は実在した堀越二郎と同時代に生きた文学者堀辰雄をごちゃまぜにして、ひとりの主人公〝二郎〟に仕立てている」と述べている[3]（以下、実在の堀越二郎を「堀越」、映画の登場人物を「二郎」と表記する）。さらに、映画公開直後に行われた対談では、宮崎の父親像も混ざっていることが明かされた。「ごちゃまぜ」となった三者の共通項として挙げられたのは、同世代であることに加え、結核を患っていた点である。宮崎の父も、父の最初の妻も結核に罹《かか》っており、妻の方は結婚から一年足らずで病死したというのだ。(4)

周知のように、堀辰雄も結核に罹患し、闘病しながら執筆を続けていた。一九二八年に肺結核から肋膜炎を発症した堀辰雄は死に瀕し、一九三一年には信州富士見のサナトリウム（肺結核をはじめとした慢性疾患治療のための療養所）に入院している。その際に出会ったのが、後に婚約相手となる矢野綾子であった。小説『美しい村』(5)に登場する、油絵を描く高原の少女との出会いは、堀辰雄と綾子との邂逅に基づいている。そして、二人は一九三五年に富士見高原療養所へ入院するも、同年末に綾子は数え二五歳の若さで帰らぬ人となった。この体験が小説『風立ちぬ』(6)に結実したと言われている。

しかし、映画の二郎は堀辰雄とも宮崎の父や彼の前妻とも異なり、結核には罹らない。菜穂子から感染している可能性はあるが、少なくとも発症はしない。実在の堀越も、過労によって休養したことはあっても、結核に蝕まれた経歴は見当たらない。よって、先に引用した宮崎の発言は、二郎についての説明でありながらも、父と彼の最初の妻や、堀辰雄、矢野綾子、綾子をモデルにした堀辰雄作品の女性たちをミックスした、菜穂子の説明でもあると捉えられる。

同じ対談で、「あの頃は結核だらけですね。ほんとうにすごく多かった。そしてあの病気は死病だったんですね」(7)と語る宮崎は、二〇世紀前半を描くにあたり、結核という死病を重要な題材として見出したのである。

では、宮崎はなぜ堀辰雄に着目し、結核という設定を自作に取り入れたのだろうか。宮崎が「サナトリウム小説」(8)と呼ぶ堀辰雄の作品群と比較して考えたい。

ジレンマとしての結核

菜穂子の原型は、堀辰雄『菜穂子』(9)の登場人物であると考えられる。ただ、「菜穂子」に先行する『物語の女』(10)に登場する同名の女性のほか、『風立ちぬ』で結核療養所に入る節子など、複数の堀辰雄作品が原拠となっている。

映画のタイトルにもなった小説『風立ちぬ』は、語り手の「私」が婚約者の節子とともにサナトリウムに入り、やがて彼女を失うことを予感しながら、毎日を大切に生きる物語である。結果的に節子は病魔に斃《たお》れ、残された「私」は彼女と過ごした日々を追憶していく。

ある夏の日、一面に薄《すすき》の生い茂った草原の中で、「お前が立ったまま熱心に絵を描いている」

光景の回想から小説は幕を開ける（菜穂子が草原で絵を描く映画のシーンの原拠と考えられる）。やがてどこからともなく風が立ち、草むらの中に絵が画架と共に倒れた音がする。続いて、「風立ちぬ、いざ生きめやも」との詩句が「私」の口を衝《つ》いて出て来る。

風が吹き、画架が倒れる。死を予兆する出来事である。だからこそ、「私」は祈りと決意を込めて、先の詩句を口にするのである。この詩句はポール・ヴァレリーの詩集『魅惑』に収録された「海辺の墓地」の最終連に見出せる。鈴木信太郎訳では、「風　吹き起る……　生きねばならぬ。一面に吹き立つ息吹は　本を開き　また本を閉ぢ、浪は　粉々になつて　巌《いはほ》から迸《ほとばし》り出る。飛べ　飛べ、目の眩《くるめ》いた本の頁よ」と続く(11)。詩の大部分を占める死にまつわる瞑想が終わり、生命の勝利が歌われる結末部分なのだが、堀辰雄の小説でも宮崎の映画でも、この言葉は最愛の人に先立たれた者が胸に抱く言葉となる。

小説『菜穂子』に登場する三村菜穂子は、二五歳のときに黒川圭介と結婚している(12)。菜穂子が少女時代を過ごした信州の同郷人である都築明が、かつて恋した菜穂子を偶然見かけるところから物語は始まるのだが、菜穂子の頭を占めるのは、自身の病や家族関係の悩みである。特に、結核の引き金にもなった姑との関係や、妻よりも母との生活を優先させようとする圭介との関係が問題となる。菜穂子が一人で療養所に入っても、圭介は一通の手紙も寄こさない。孤独な毎日を過ごす内に菜穂子は、「一体、わたしはもう一生を終えてしまったのかしら?」とすら考えるようになる。そんなある日、明が彼女を見舞いに訪れ、二人は数年ぶりに言葉を交わす。

菜穂子と明と圭介、向き合ったそれぞれの感情が繊細に描かれるが、そのほとんどは相手に伝えられることなく、各自の胸に秘められたままとなる。明に対する菜穂子の思いも複雑に揺れ動きながら、明確な形を取ることがない。

しかし、明と再会したあと、菜穂子はある雪が激しく降り続く日に、一人で病院を抜け出して山を降り、汽車に乗る。突然の決心を実行に移す思い切った性格は、映画『風立ちぬ』の菜穂子にも引き継がれているようだ。宮崎が描く菜穂子は、一途に二郎を思い、病身を押して行動する女性であった。その強さに応えるように、二郎は「ここでいっしょにくらそう」と提案する(13)(「ここ」とは高原ではなく地上のことである)。一方、小説『菜穂子』では菜穂子を迎える圭介の態度は冷たく、互いの愛情を確認し合うこともない。明のことが心を過《よ》ぎりながらも、菜穂子は一人で療養所へ戻って行くことになる。小説では、結核が主要因となって、別々に暮らさざるを得ない夫婦が描かれているのである。

結核は飛沫などで経口感染する病である。患者は隔離されたり、自ら療養所に入る決断を迫られたりする場合がある。結核とは、最愛の人と共にいることが、そのまま相手を滅ぼすことになりかねないジレンマをもたらす病なのである。ゆえに、結核は共にいることを望む人々に試練を与える。愛し合う二人のどちらかが結核になった場合、それでも生活を共にするか否かが厳しく問われる。堀辰雄は高山のサナトリウムという、療養と隔離の両機能を持った施設を舞台に、人物の往還を通して、人間の愛と葛藤を描いたのである。その意味で、宮崎が描こうとする「薄幸の少女」は、貧困や不慮の事故などではなく、結核に苦しめられる人物でなければならなかった。[14] 堀辰雄の小説は、結核のジレンマを引き出すために参照されたとも言えるだろう。

『風立ちぬ』はタイトルに「風」を含むこともあって、如何にもジブリアニメと好相性であるし、原作を知らなければ飛行機製作の物語だけが前面に出て来そうだが、宮崎が堀辰雄に注目して里見菜穂子を造型したのは、飛行機設計家と結核患者との愛――共に生きたいという願望――の強さを際立たせるためでもあろう。療養所での生活を描いた堀辰雄の小説とは異なり、宮崎が描く二人は治療よりも仕事を優先するかたちで、地上での結婚生活を選び取る。それは病気の重篤化と感染の危険性を相互に及ぼす、破滅を含んだ願望に基づく選択である。そして菜穂子が主導するこの夢は、美しい飛行機を作りたいという願望が多くの人々を殺戮し、国家を滅ぼす道へと通じてしまった、二郎の夢とも対をなすものなのである。

モダンなスポーツ少女

堀辰雄『風立ちぬ』では、ヴァレリーの詩句はサナトリウムで療養する男女の間で語られる。一方、宮崎は物語序盤のまだ結核への言及が無い段階でこの詩句を登場させる。大学生の二郎と、一三歳の菜穂子が初めて出会う、一九二三年の場面である。映画『風立ちぬ』で菜穂子が少女として登場するのはここから続くシークェンスのみであり、物語の後半で二郎と再会する際には二一歳になっている（ただし、絵コンテでは引き続き「少女」と表記される）。堀辰雄の「サナトリウム小説」では、少女時代はわずかに回想されるのみであり、たとえば三村菜穂子や節子の少女時代も概観的に描写されるに留まるが、映画では宮崎のオリジナル色の強い菜穂子の少女時代が直接的に描かれる。

東京へ向かう列車内。二郎は連結部のデッキに腰掛け、風に吹かれながら本を読む。その時、一人の少女（菜穂子）が二等車から姿を現わす。おかっぱ頭は幼女っぽさを残しているが、いちおう断髪で洋装しており、一九二〇年代に流行したモダンガール予備軍といった外見である。(15)側には女中（お絹・一八歳）がついており、経済的にも豊かな家の令嬢であると推測される。

「ワア…きもちがいいわ」と身を乗り出し、女中の制止も聞かずに帽子をおさえて風を受ける姿は、いわゆるお転婆な少女といったところである。

二郎の目には、菜穂子は年齢的にも妹の加代と重なるような、勝気な少女として映ったことだろう。再び読書に戻るが、列車が谷間の鉄橋にかかったところで強風が立ち、二郎の本は激しく捲られ（前節で引用したヴァレリーの「海辺の墓地」と重なる）、かぶっていた帽子が飛ばされる。菜穂子はとっさに身を乗り出して帽子を受け止め、体勢を崩した菜穂子をお絹と二郎が支える形になる。風が二人をつなぐ流れは、物語の後半でも反復されることになる（ただし、後述するように「二人」とは二郎とお絹でもあるのだが）。

顔を上げた菜穂子は明るく「セーフ」と言い、二郎も「ナイスプレー」と応じる。初対面の年上の男性にも怯まない性格だ。菜穂子はポール・ヴァレリーの詩句をフランス語で投げかけ、二郎も続きを応える。二郎が手にしていた本がヴァレリーの詩集であることを一瞥のうちに認めるだけの教養を備えている。ちなみに二郎がつぶやく邦訳は、堀辰雄『ヴェランダにて』[16]に出て来る訳と似ており、宮崎が参照した可能性が高い。「合格」とでも言いたそうな満足な表情を浮かべると、菜穂子はさっさと二等車に入っていく。丁寧にお辞儀し、二郎にお尻を向けないよう会釈しながら去って行くお絹とは対照的である。ドアが閉まる直前には、座席から振り向いて手を振っているのが見える。

菜穂子はおそらく尋常小学校卒業後も労働に従事することなく、高等女学校に進学した少女であると考えられる。良妻賢母教育にはまだ染まりきっていない、適度に愛嬌のある、無邪気で快活な少女と捉えられるだろうか。絵コンテには、「ものおじしないおませなスポーツ少女」とも記されている。

スポーツする少女像は、今田絵里香によると、第一次世界大戦後に見られるようになったものであるという。[17]『少女の友』などの少女雑誌がスポーツに興じる健康的な少女像を打ち出し、同時に洋装と断髪が流行していった。井上章一は女子体育教育によって両大戦間期に美人イメージが変容し、それまで否定されていた健康・表情・知性・労働が、肯定へと移り変わったと論じている。[18] 菜穂子はこうした社会的な少女イメージも反映した存在であると言えるだろう。

このあと、列車は大震災によって急停車する。[19] その結果、先ほど交わされた詩句は、大震災にも抗して生きなければならないという意味を、まずは帯びることになるだろう。[20] しかし、第二次世界大戦の最中、大人になった菜穂子と二郎が再会してからは、結核との戦いがこれに取って替わる。その意味で大震災は、村瀬学が指摘するように、太平洋戦争と、菜穂子の身体を蝕む結核菌がもたらす、二重の「破局」を予感させる出来事でもある。[21]

停止した列車から降りた二郎は、うずくまったお絹と菜穂子を見付けて駆け寄る。骨折したお絹の脚に計算尺をあてがって応急処置を済ませると、二郎は彼女を背負って家まで送ろうと歩き出す。菜穂子は二郎のトランクと帽子を持って懸命に二人の後を追う。自分たちの荷物には目もくれない潔さ、そして恩人の大きなトランクを必死に運ぶ姿は、彼女の健気さを印象づける。この「健気さ」こそが、結婚後の菜穂子を表すキーワードとなる。神社にお絹とトランクを置いて、二郎と菜穂子は家の者を呼びにさらに走る。人混みをかき分ける内に二郎は帽子を無くすが、菜穂子は身体能力が高いのか、帽子も失わずに二郎と手を取って走り続ける。家が見えると、門から人が飛び出して来る。菜穂子は案内に戻ろうとするが、両親たちによって門の中へ引き戻されていく。

以上が、少女時代の菜穂子の登場シーンである。瀟洒《しょうしゃ》で、勝気で、快活で、健気で、聡明で、健康な、良家の令嬢。これまで宮崎が描いてきた冒険活劇にも耐えられそうな颯爽とした少女だが、すでに結核菌は彼女の肺に潜伏していたのだろうか。生命と死が相克する女性像へと、少女は成長していくことになる。

鏡像としての加代

菜穂子は少女時代からどのような変貌を遂げて大人になったのだろうか。そのことを検討する前に、『風立ちぬ』に登場するもう一人の重要な少女である加代に言及しておきたい。

二郎の妹である加代は、実在の堀越にも堀辰雄の作品にも原拠を持たない、映画オリジナルの人物である。映画パンフレットによると、物語冒頭の一九一六年時点で加代は六歳であり、菜穂子と同年齢という設定である（二郎は一三歳）[22]。後述するように、二郎が菜穂子と加代を見間違えるような場面もあり、また結核患者と医者の卵という対照的な人物でもあることを考え合わせると、二人は分身あるいは鏡像のような関係として位置づけられる。

少年時代の二郎が近眼を治そうと、屋根に仰向けになって夜空を眺めるときも、加代は兄に寄り添う。妹には無数の流れ星が見える。しかし兄には見えない。歓声を上げる妹と、無言で目を凝らす兄の姿が対照的だ。代わりに兄は、夜空につながる不思議な夕陽の空と、その下に広がる草原を目にする。そこで初めて二郎は、カプローニと夢の世界を共有し、設計士として夢に形を与える道を教えられるのである。いつの間にか自室で眠っていた二郎は、起こしてくれた母に告げる。「ぼくはヒコーキの設計家になります」、と。

夢の妨げとなる視力に悩む兄の姿、そして兄の顔の傷に絆創膏を貼ると言ってきかない一途な加代の優しさは、彼女の進路を照らしていく。加代は大学に進み、医者の道を志すようになる。村上信彦の調査によると、大正一四年（一九二五年）の「職業意識に目覚めた高女卒業生」の進路希望順位は、師範二部、女高師、女子医専、女子大学の順であったという。[23] 科学への関心、女医の社会的地位の向上、安定した収入がその背景となっていたようだ。男性に比べてその比率は遥かに低かったが、当時すでに「開業女医はもはやさほどめずらしい存在ではなくなった」と村上は論じている。多くの人々が傷つき斃れた戦争と結核を描く本作にあって、加代は人を癒やそうとする役割を担った少女なのである。一方、ヴァレリーの詩を原文で暗唱した菜穂子は、結核のせいか、大学には通わず父と二人で生活を続けていたようだ。その点でも二人は対照的な関係に置かれている。

劇中で再び加代が登場するのは、一九二五年のことである。二二歳の大学生になった二郎の下宿を、一五歳の加代が訪問する。

このシーンの直前には、二郎にとってより重要な訪問があった。小使いのじいさんが教室に風呂敷包みを持って来て、「若い娘さん」が届けに来たと二郎に告げるのだ。風呂敷を広げ、封筒とシャツと計算尺を目にした途端に、二郎は二年前の震災で出会った女性のことを思い出す。慌てて後を追うが、すでに姿は見えなかった。

下宿に帰る道中、二郎の頭は「若い娘さん」のことで一杯だったはずだ。だから、下宿の玄関を開けて、「お客さまをお部屋にお通ししました。女の方ですよ」と女中に言われたとき、彼は期待に胸を膨らませて階段を駆け上がっただろう。自室の窓辺に腰掛けた女性の後ろ姿を見て、二郎は何を思っただろうか。和服姿はお絹と重なるが、断髪は一緒にいた少女の記憶を一瞬呼び覚ましたかもしれない。しかし、ふくれっ面で振り返ったのは、成長した加代だった。

このシーンには、観客を惑わす詐術がある。観客は窓辺に腰掛けた女性の後ろ姿を見たとき、加代ではなく、菜穂子の再来を期待しなかっただろうか。その期待は快く裏切られ、やがて到来する二人の再会をよりドラマチックなものに彩るが、一方で、このときの二郎の期待は、観客が抱いたのとも少し違ったものであったと考えられる。

一途な愛情と戦略

菜穂子は初登場シーンからヒロインとしての風格をまとっている。風とともに現われ、二郎に支えられ、手をつないで震災の人混みを駆け抜ける少女。鈴木敏夫が指摘する、出会ってすぐに異性と肉体的に接触するという、宮崎アニメの特徴である官能性が表れている。(24)別れ際に二郎へ送る視線も含め、彼との再会を確信させる人物である。ところが、二郎の心に残っていたのは菜穂子ではなく、お絹の方だったようだ。そのことが明確になるのは、「若い娘さん」が二郎を訪ねてくる、先述の場面である。風呂敷包みを開けて窓の外に目をやった二郎の主観ショット（二郎の心境・願望を反映した映像、あるいは少し過去に起きたことの映像とも捉えられる）に浮かぶのは、断髪で洋装のモダンガールではなく、和装の女性の後ろ姿なのである。震災時の二郎は菜穂子とお絹にとって「王子さま」だったが、二郎にとっては専らお絹の方が心に残っていたのだった。(25)

それから八年。静養のため軽井沢を訪れた二郎は、風の吹き渡る丘で大きなパラソルを立てて油絵を描く女性に出会う。しかし二郎は彼女に気付かない。一方の女性──二一歳になった菜穂子──はすぐに二郎だと認める。そこで菜穂子は、二郎のあとに森から出て来た父・里見に手を振って叫ぶ。その際、菜穂子の視線は二郎の方を見送っている。父への呼びかけは、二郎を振り向かせるための「戦略」とも取れるが、それも不発に終わってしまう。しかし、風が立つ。堀辰雄の『風立ちぬ』とは違い、菜穂子はとっさにカンバスを支え、代わりにパラソルが飛ばされて二郎の元へ運ばれる。パラソルを畳むことに成功した二郎に、菜穂子は「ヴラァボー、ナイスキャッチ」と叫ぶが、それでも彼は手を振って応えるだけで、里見にパラソルを差しだすと歩き去ってしまう。

このシーンは一〇年前の列車のシーンを変奏した反復である。二郎の帽子が菜穂子に運ばれたのに対し、今度は菜穂子のパラソルが二郎に運ばれる。二郎が「ナイスプレー」と言ったのに対し、今度は菜穂子が「ナイスキャッチ」と叫ぶ。菜穂子やお絹を助けておきながら名乗りもせず颯爽と立ち去った、その態度も変わらない。

少し変わったのは、父に「わたし失礼なこといっちゃった」と反省の色を見せる菜穂子である。このあとホテルの食堂で二郎と目が合った際も、手を振ったりはせず、優雅に会釈する女性へと成長している。そして、二郎はかつての少女に気付かないままだ。

それから菜穂子はかなり積極的、あるいは戦略的に、二郎の中に自分の記憶を蘇らせ、距離を縮めようとする。菜穂子の「戦略」については岡田斗司夫が詳しく分析しているが(26)、まず菜穂子は森の入口にカンバス等を置き、二郎を泉へと誘う。首尾良く二人きりになると、涙ながらに震災時の礼を述べる。お絹と一緒にいた元気な少女のことなどすっかり忘れていた二郎も、ようやく再会に気付く。突然の夕立で二人は相合い傘をして歩くが、菜穂子がまず話すのは、お絹が結婚し、すでに二人目の子を授かったことの報告である。菜穂子は周到に、二郎の意中にあるライバルを断念させるのである（岡田は前掲書で「幼い女の性」と喝破している）。雨上がりに出た虹を眺めながら、「生きているってすてきですね」と語る菜穂子は、やはり列車で「生きようと試みる」詩句を交わし合った過去を現在に反復している。結核に蝕まれた菜穂子は生きて二郎と再会できた喜びを噛みしめつつ、少女時代から八年ものあいだ抱き続けた愛情の深さを、彼女なりの怜悧さで二郎へと伝えているのである。

健気な良妻

里見父娘と二郎は同じホテルに滞在する。やがて二郎は菜穂子と恋に落ち、結婚に至るが、一方で深夜に菜穂子の部屋へ看護婦が入っていくのを目撃し、彼女の病状に気付いていく。彼は詩集を読み、自分でも「風」をモチーフにした詩を作りつつ、紙飛行機を折っては飛ばす（設計家堀越と詩人堀辰雄の合体）。菜穂子は二郎が放つ紙飛行機に、テラスから身を乗り出して応答する。菜穂子の帽子が飛ばされたのを二郎が受け止め、菜穂子が「ナイスキャッチ」と叫ぶのも、無論パラソルの時の反復である。こうした風を媒介にした遊びが菜穂子と二郎を結びつけていくのだが、その過程で紙飛行機は通りかかった宿泊客（カストルプ）につぶされたり、墜落したりする。それでも次の改良型を作る二郎の姿勢は、地上での戦闘機作りと重なる。二郎が元気を取り戻すこと、それは仕事への復帰も意味することになる。菜穂子との恋愛ゆえに二郎は活力を取り戻し、同時に高原での時間は終わりを告げる。堀辰雄の『風立ちぬ』やトーマス・マンの『魔の山』のようにサナトリウムでの生活は続かない。菜穂子の戦略は、逆説的な働きを持ってしまったと言える。

岡田斗司夫や村瀬学らが論じているように、二郎は「美しいもの」に惹かれる人物である。夢に見る飛行機、魚の骨の曲線、ドイツで視察した小型戦闘機を前に、彼は「美しい」と感嘆する。一方で、菜穂子や加代には「きれいだ」と繰り返す（カストルプと黒川夫人、そしてカプローニは菜穂子を「美しい」「かわいい」と評す）。村瀬は前掲書で、二郎が美しいと感じる対象は「技術・テクノロジー」であると指摘している。二郎にとって美の最たるものは、風に乗って飛ぶ鳥のような飛行機であり、「火を噴かずに飛ぶもの」（村瀬）である。それは飛行機において実現不可能な技術であるが、二郎はその夢と理想を追って止まない。まだ見ぬ新型戦闘機製作への挑戦を前に、やがて衰えゆく「きれい」な菜穂子は二の次に置かれる。その残酷な優先順位は、多忙を理由に療養所への見舞いを先延ばしにする二郎の態度にも表れる。ゆえに菜穂子は、一旦は一人で療養所に入ったものの、結局二郎の元へと降りていき、「二郎を安心させたくて毎朝お化粧してホホ紅をさしたりして」（加代）、「美しいところだけスキな人に見てもらったのね…」（黒川夫人）という、短い人生を送らざるを得なかったのである。宮崎はそれでも今を懸命に生きる二人の姿を肯定する。菜穂子は二郎と一緒にいるために、結核と戦い、さらに夫が没頭する飛行機の美しさとも戦うという、絶望的な個人的戦争に挑まなければならなかったのである。

結核の治療を諦めてでも、二郎の仕事を優先し、かつ二郎の傍にいる道を、菜穂子は選ぶ。その姿は、黒川が繰り返し褒めそやすように、実に「けなげだ」。しかし、菜穂子の健気な女性イメージは、近代国民国家における典型的なジェンダー役割を担わされたものでもある。たとえば、夜遅くに帰宅した二郎が着替えようとすると、菜穂子は病床から起き出して、彼の背後から丹前を着せる。宮崎は絵コンテに、「古い日本映画を参考に見て下さい。三四郎の笠智衆と八千草かおると着がえシーンとか」とスタッフへの指示を書き込んでいる。夏目漱石の小説を原作とした中川信夫監督の『三四郎』（一九五五年公開）を参照させるこのシーンには、明治期を生きた女性の動作が描き込まれている。二郎が脱ぎ散らかす衣服を、菜穂子は甲斐甲斐しく畳んでいく。日中は黒川邸で療養に専念し、病気による衰えを化粧で隠してまで、妻として二郎に仕えるその姿は、純潔で愛情深く美しい、当時の理想的な「良妻」イメージそのものである。

渡部周子によると、「愛情」「純潔」「美的」という三つの規範こそ、近代国家形成期の明治期日本における固定化された性別役割の最たるものであった。(27) 戦闘機を設計する夫を献身的に支えることは、結果的に戦争する国家に奉仕するための労働力を再生産する行為であり、菜穂子は近代国家による女性の国民化を一身に引き受けた女性に成長したとも言えるのである。ちなみに、黒川邸での結婚式から、菜穂子はなぜが突如として長髪に変身している。それは「毛断嬢《モダンガール》」から良妻への変貌を告げるものとも捉えられるだろう。

火と菌

二郎は何度も菜穂子に口づけをする。菜穂子も婚約期間こそ「うつります」と訴えていたが、結婚式後の初夜では大胆にも「きて」と二郎を誘う。こうした性的な場面は従来の宮崎アニメでは見出しがたい。なぜ『風立ちぬ』では性的接触が繰り返し描かれるのだろうか。菜穂子の結核は重篤化していくし、二郎も感染の危険を冒すことになる。だが、過労気味の二郎が結核に倒れる気配はない。この設定はリアリズムではなく、象徴的な意味合いを持っていると考えた方がよさそうだ。

菜穂子の健気な愛情を印象付けるシーンとして、部屋で仕事をする二郎の手を握る場面がある。このシーンも震災時に手を取って人混みの中を駆けた場面の反復である。しかし、もう菜穂子が二郎を追って走ることはできないし、重いトランクを運ぶこともない。また、二郎の仕事の手を止めて、自分を振り向かせることもできない。「手を下さい。お仕事をしている時の二郎さんの顔をみてるのすきなの」とだけ言い、二郎も「はなさないよ」と答え、片手で設計作業を続ける。ところが、しばらくすると二郎は「タバコ吸いたい。一寸はなしちゃダメ？」と訊ね、菜穂子の方も「ダメここで吸って」と言い出す。「ダメだよ」「イイ」としばらくやりあうと、二郎は本当に菜穂子の傍らで喫煙を始めてしまう。

この場面は、火を使う二郎と、菌に冒された菜穂子という図式を明らかにする。二郎や本庄はガソリンを燃やして飛び、火器を装備した戦闘機を作っている。彼らはいつも煙草の残りを気にして、火を移しあう。村瀬学の言葉を借りるなら、「火を噴く技術」を担うことを選んだ者たちである。一方の菜穂子は、喫煙もしなければ、火を使うような家事をしている様子もない。風と共にあり、さらには風を媒介に拡散する菌と共にいる存在である。

火を使う二郎は、夢の中では、風に舞う鳥のような飛行機を思い描いていた。そして夢以外では、少女時代の菜穂子に出会ったときや、軽井沢で再会して紙飛行機で遊んだときだけ、彼は戦闘機の設計や煙草から離れ、風と共にあったのである。

結婚した二人は互いを滅ぼしあう火と菌である。そしてそれは宮崎にとって、『風の谷のナウシカ』から引き継がれた問題でもあった。人間の世界を浸蝕（浄化）しようとする腐海の森の胞子・菌糸に対し、人は火の道具を使って抵抗した。すでに結核菌に浸蝕された菜穂子は滅亡を運命付けられており、傍で火を使う二郎は菌に感染せず、むしろ菜穂子を菌ごと絶命に追い込むだろう。

新型戦闘機のテスト飛行の日、菜穂子はいつも通り二郎を見送ったあと、一人で黒川邸を去る。夫婦の別れは描かれない。菜穂子はもはや振り返ることも、涙を流すこともない。二郎の方も、飛行場と高原を吹く風に、菜穂子の死を直観するのみである。そこに涙は描かれない。ただ、二人の代わりに盛大に泣く役割を担うのが、菜穂子の分身であり鏡像である加代であった。

二郎はその後も火を噴く戦闘機を作り続け、零式艦上戦闘機を完成させることになるが、真珠湾に出撃し太平洋戦争の幕開けを告げたその飛行機は、のちに特攻機としても使われ、国を滅亡させることとなった。

カプローニとの夢の世界で、二郎は菜穂子と二度目の「再会」を遂げ、そして別れを告げる。

この最終場面の絵コンテには、複数の変更履歴が見出せる。菜穂子が二郎に向ける言葉と、カプローニによる最後の台詞だ。当初、菜穂子の台詞は「きて…」であった。初夜の場面の反復であり、高原で共に生きることの願望とも捉えられる言葉であったが、「生きて…」に変更された。ヴァレリーの詩句は、やはり残された者の生を励ます意味をまとう。殺戮兵器を完成させ、妻を見殺しにした二郎は、この言葉に支えられて生きていくのだろう。

カプローニの台詞の方は、一見するとそれほどの意味があるとは思われない。「わしらも行かねばならんが、ちょっとよってかないか、イイワインがあるんだ。つもるはなしをきこうじゃないか…」という台詞だったのが、「君は生きねばならん。その前に寄ってかないか？　いいワインがあるんだ」に変更されたのだ。

押井守はこのラストシーンに言及し、「愛も失った、心血を注いだ飛行機も一機も生還しなかった。彼は、人生でなにか成し遂げるなどということはないだろうと判ってしまい、だからこそ酒を飲むわけだ」と解説している。(28)

しかし、この映画が宮崎の総括であったことと、「ワイン」が最後に置かれたことにもう一度注意を払いたい。ワインとは人間が菌の力を借り、葡萄を発酵させて作った酒である。結核菌に滅ぼされた菜穂子が風のように消えたのち、入れ替わるようにこの言葉は発せられるのだ。

二郎と菜穂子、ともに滅びの道を歩んだ人間を描きながら、映画の最後に差し出されるのは、火を使わず、菌を用い、身体に取り込む技術の精華たる、ワインなのである。

映画『風立ちぬ』の表層的な物語は、二郎と菜穂子のジレンマを抱えた時限付きの愛と解釈できる。同時に、象徴的な次元では、強すぎる火が風（菌）を滅ぼす悲劇とも捉えられる。二郎には、美しさを追求する仕事すなわち強い火を求める仕事を捨て、菜穂子と共に生きる道を選ぶことはできなかった。「風のような人」菜穂子の代わりに二郎が得たワインは、火と菌の共生を永続できなかった、彼の敗北を慰めるに足るものなのだろうか。

注

（1）模型飛行機を作るパズー、同じく模型飛行機で遊ぶカンタ、マルコの飛行艇を修理するミラノの女たち、人力飛行機を操るトンボなど、宮崎は飛行機を作る人物を描き続けてきた。

（2）「企画書」東宝ステラ編『風立ちぬ』映画パンフレット　東宝出版・商品事業室　二〇一三・七

（3）注（2）と同じ。

（4）半藤一利・宮崎駿『腰ぬけ愛国談義』　文藝春秋　二〇一三・八。もっとも、映画パンフレットによると、二郎の人物像はほかに詩人の立原道造など様々な原拠を持つようだ。

（5）『美しい村』『改造』一九三三・一〇より各誌に連載、のち堀辰雄『美しい村』野田書房一九三四・四

（6）『風立ちぬ』『改造』一九三六・一二より各誌に連載、のち堀辰雄『風立ちぬ』野田書房一九三八・四

（7）注（4）と同じ。

（8）『風立ちぬ　宮崎駿の妄想カムバック』大日本絵画　二〇一五・一一

（9）『菜穂子』『中央公論』一九四一・三。なお、宮崎は絵コンテに「奈穂子」と書いているが、パンフレットその他諸稿に基づき、本章では「菜穂子」と表記する。

（10）『物語の女』『文藝春秋』一九三四・九

（11）『ヴァレリー全集1』増補版　鈴木信太郎訳　筑摩書房　一九八三・二。P・F・ブノアの解説文によると、「墓地は消え、生命の力が強く脈打ち、詩人をその水尾の中に巻き込む。風は象徴的に詩人が詩や思索を書いてゐる本を吹き捲る……」とある。

（12）映画に登場する三菱内燃の黒川の名はおそらくこの人物に由来している。

（13）映画『風立ちぬ』の台詞はすべて、宮崎駿『スタジオジブリ絵コンテ全集19　風立ちぬ』徳間書店　二〇一三・七からの引用である。

（14）押井守は『誰も語らなかったジブリを語ろう』東京ニュース通信社　二〇一七・一〇で、『となりのトトロ』の母親も結核で療養所に入っていたと指摘しているが、根拠は挙げられていない。なお、福田眞人『結核という文化　病の比較文化史』中央公論新社　二〇〇一・一一に

よると、堀辰雄はサナトリウム療法の最後の時期を経験した作家である。
(15) 生田誠『モダンガール大図鑑　大正・昭和のおしゃれ女子』河出書房新社　二〇一二・一一
(16) 『ヴェランダにて』『新潮』一九三六・六
(17) 『「少女」の社会史』勁草書房　二〇〇七・二
(18) 『美人論』リブロポート　一九九一・一
(19) 男女の恋愛を匂わせる場面へ唐突に震災が襲い来る展開は、堀辰雄『麦藁帽子』(『日本国民』一九三二・九) のエピローグを想起させる。
(20) 『風立ちぬ』制作中の二〇一一年三月一一日には東日本大震災が起きている。また、堀辰雄は関東大震災で母を亡くしており、小説『墓畔の家』『花を持てる女』『麦藁帽子』などにも母の死が描かれる。
(21) 『宮崎駿再考　『未来少年コナン』から『風立ちぬ』へ』平凡社　二〇一五・七
(22) 『風立ちぬ』映画パンフレット　注 (2) と同じ。
(23) 『大正期の職業婦人』ドメス出版　一九八三・一一
(24) 『仕事道楽　スタジオジブリの現場』岩波書店　二〇〇八・七
(25) 二郎が菜穂子に求婚する際に語る、「ぼくはあなたを愛しています。帽子をうけとめてくれた時から」という台詞は、二郎なりの「戦略」だろうか。
(26) 『『風立ちぬ』を語る　宮崎駿とスタジオジブリ、その軌跡と未来』光文社　二〇一三・一一
(27) 『〈少女〉像の誕生　近代日本における「少女」規範の形成』新泉社　二〇〇七・一二

（28）『誰も語らなかったジブリを語ろう』注（14）と同じ。

あとがき

本書全体の統一感に不協和音をもたらす気もしたので、本編では触れることができなかった、宮崎作品とエロスの問題について最後に触れておきたい。

『ルパン三世　カリオストロの城』が公開されたのは、僕が大学生の頃で、その頃、「クラコン」ということばが流行った。「クラコン」とは「クラリス・コンプレックス」の略語で、この物語の少女、クラリスの純粋でかわいく、ひたむきな姿に心を奪われた男の子たちが、彼女に恋に落ちてしまった様子を指すことばである。語感としては、「萌え」「エモい」「尊い」に近いかもしれない。「はじめに」で僕はクラリスについて、「闇」を媒体にした「光」へのあこがれを行動原理としている、と述べたが、「クラコン」の場合、このような彼女のキャラクターが、とくに理由もなく、少女（処女）愛や少女（処女）崇拝と融合していたような気がする。同じような現象は『風の谷のナウシカ』が上映された時も、繰り返された。多くの男の子たちはナウシカに恋に落ちた。そして、かく言う僕もそのひとりだった。

クラリス・コンプレックスは、宮崎駿が描く少女たちのイメージが、実はエロスの問題ともつながっていることを暗示している。すくなくとも、彼女たちが、少女（処女）愛や少女（処女）崇拝とのかかわりの中で受け入れられたことは間違いなく、とするならば、宮崎が描いた少女たちを考えようとする場合、性愛の問題を視座として分析していくことも十分ありえるはずである。

あらかじめ言っておくと、このような理解の仕方は、宮崎作品の価値をおとしめるものでもなければ、一部のマニアの「餌」にしてしまうものでもない。三島由紀夫は戦後社会に広がった、エロスを不健全なものとして退ける現象について、「文化をその血みどろの母胎の生命や生殖行動から切り離して、何か喜ばしい人間主義的成果にとつて判断しようとする一傾向」と、批判している（『文化防衛論』）。三島の言う「生命や生殖行動」が人間の本来的な営みであるとするならば、文化もまたそれと無縁であるはずはなく、宮崎駿が描く少女像の問題も例外ではない、というだけの話である。

それはともかく、エロスと結びついたような少女（処女）愛、少女（処女）崇拝の問題を考えようとするとき、澁澤龍彥のエッセイや作品が手がかりとなる。澁澤によれば、思春期の女の子の欲望は、いまだ意識されず眠っている状態にあり、「待つこと、受け入れること」以外の形はありえない。少女のエロスは、「欲望するものではなく、欲望されるところのもの」としてある（『ホモ・エロティクス』）。このような少女崇拝の形を小説化したのが、當麻寺の中将姫伝説を下敷きにした『ねむり姫』であり、この作品で澁澤は「エロスを内に秘めた少女＝ピグマリオンの美を信仰にまで」高めているという（大山亜美「澁澤龍彥『ねむり姫』論―ピグマリオニズムとイロニー」）。

これを踏まえれば、とくに初期の宮崎作品が、エロスの問題とどのように関わっているか、理解することができるだろう。クラリスやナウシカ、シータは、性に目覚める以前の存在として、あるいはエロスとは無縁な存在として設定されている。そして、そのけがれなき姿ゆえに、彼女たちは禁欲的な憧憬の対象になりえている。しかしその純粋性は、同時に、それとは相反する「欲望されるところのもの」としての資格を、彼女たちに与えることにもなる。だからこそ、宮崎が描いた少女たちは、プラトニックな憧憬とエロスを同時的に喚起するような体験を、たとえばクラリス・コンプレックスを、私たち（もちろんこの場合の「私たち」のほとんどは、男性であるわけだが）にもたらすことになる。その意味で宮崎が描く少女たちの純粋性は、きわめて両義的な性格を帯びている、ということもできるかもしれない。
宮崎が描いた少女とエロスの問題について、僕は大体こんなことを今、考えている。

最後になったが本書執筆にあたっては多くの方々のお世話になった。まずは拙著『新版　宮崎駿の地平　ナウシカからもののけ姫へ』に引き続き、本書に素晴らしいカバー絵を寄せてくださった西造さんに感謝申し上げたい。また、本書に原稿を寄せていただいた辻本千鶴先生、古澤夕起子先生には、企画段階から最後の原稿のとりまとめまで、さまざまな場面でご助力をたまわった。記して謝意を表したい。ありがとうございました。

二〇一八年七月七日

野村　幸一郎

寺田 操

詩人。

童話『介助犬シンシアの物語』（毎日新聞大阪本社編　太田朋:絵　大和書房　2003年），『都市文学と少女たち　尾崎翠・金子みすゞ・林芙美子を歩く』（白地社　2004年），『尾崎翠と野溝七生子　二十一世紀を先取りした女性たち』（白地社　2011年），「尾崎翠と金子みすゞ」（『尾崎翠を読む　講演編Ⅱ』 今井出版　2016年）など。

辻本 千鶴

京都橘大学非常勤講師。

「こどもと生きる教師たち　大正・昭和（一冊の本の教育力　島崎藤村『破戒』）」（『小説の中の先生』 おうふう　2008年），「酔いどれ女給、コップ酒をペンに　林芙美子」（『「職業」の発見　転職の時代のために』 世界思想社　2009年），「現代小説のなかのトランス・ジェンダー　松浦理英子の作品を中心に」（『表象のトランスジェンダー　越境する性』 新典社　2013年）など。

禧美 智章

名古屋芸術大学任期制講師。

『アニメーションの想像力　文字テクスト／映像テクストの想像力の往還』（風間書房　2015年）など。

中村 友紀

関東学院大学教授。

翻訳『シェイクスピアの祝祭の時空　エリザベス朝の無礼講と迷信』（フランソワ・ラロック著　柊風舎　2008年），『パブリック圏としてのイギリス演劇　シェイクスピアの時代の民衆とドラマ』（春風社　2016年），“Personified Abject in Early Modern English Revenge Tragedies.”（『比較文化研究』 2016年12月）など。

友田 義行

信州大学准教授。

『戦後前衛映画と文学　安部公房×勅使河原宏』（人文書院　2012年），「知足と安楽死を超えて」（『テクスト分析入門　小説を分析的に読むための実践ガイド』 ひつじ書房　2016年），「安部公房の残響」（『映画と文学　交響する想像力』 森話社　2016年）など。

《執筆者紹介》（掲載順）

野村 幸一郎（編者）
京都橘大学教授。
『小林秀雄　美的モデルネの行方』（和泉書院　2006年），『京アニを読む』（新典社　2016年），『新版 宮崎駿の地平　ナウシカからもののけ姫へ』（新典社　2018年）など。

古澤 夕起子
同志社女子大学嘱託講師。
『与謝野晶子　童話の世界』（嵯峨野書院　2003年），『与謝野晶子児童文学全集』①②④（解説　春陽堂書店　2007年），『伸び支度　名作に描かれた少年少女』（共編　おうふう　2008年）など。

信時 哲郎
甲南女子大学教授。
『宮沢賢治「文語詩稿　五十篇」評釈』（朝文社　2010年），「女子と鉄道趣味」『「女子」の時代！』（青弓社　2012年），「宮沢賢治「文語詩稿　一百篇」評釈　1〜8」（『甲南国文』　2013年〜2015年）など。

権藤 愛順
甲南大学非常勤講師。
「木下杢太郎と石川啄木　大逆事件を契機とする両者の再接近について」（『国際啄木学会研究年報』　2010年3月），「明治期における感情移入美学の受容と展開　「新自然主義」から象徴主義まで」（『日本研究』　2011年3月），「木下杢太郎『硝子問屋』の情調表現　主客融合と無意識」（『日本近代文学』　2016年5月）など。

取屋 淳子
京都外国語大学非常勤講師。
『宮崎アニメのグローバル化　アメリカと台湾における受容の比較研究』（ITSC静岡学術出版事業部　2017年）など。

宮崎駿《みやざきはやお》が描《えが》いた少女《しょうじょ》たち　新典社選書 88

2018 年 7 月 30 日　初刷発行
2022 年 8 月 8 日　２刷発行

編　者　野村幸一郎
発行者　岡元 学実

発行所　株式会社　新 典 社

〒111-0041　東京都台東区元浅草2-10-11　吉延ビル4F
ＴＥＬ　03-5246-4244　ＦＡＸ　03-5246-4245
振　替　00170-0-26932

検印省略・不許複製

印刷所 惠友印刷㈱　製本所 牧製本印刷㈱

©Nomura Koichiro 2018
ISBN 978-4-7879-6838-8 C0374
https://shintensha.co.jp/
E-Mail:info@shintensha.co.jp

新典社選書

B6判・並製本・カバー装　＊10％税込総額表示